二战风云
震撼博览

史诗巨
全彩呈现

豺狼陷阱

第二次世界大战主要悍将

胡元斌 严 锴 主编

台海出版社

前言 PREFACE

　　1937年7月7日，驻华日军在卢沟桥悍然向中国守军开炮射击，炮轰宛平城，制造了震惊中外的"七七事变"，中国的抗日战争全面爆发。1939年9月1日，德国入侵波兰，第二次世界大战正式开始。1945年9月2日，日本签署投降书，第二次世界大战宣告结束。

　　这是人类社会有史以来规模最大、伤亡最惨重、造成破坏最大的全球性战争，也是关系人类命运的大决战。这场由德、意、日法西斯国家的纳粹分子发动的战争席卷全球，世界当时人口总数的80%的20亿人口受到波及。这次世界大战把全人类分成了两方，由美国、苏联、中国、英国、法国等国组成的反法西斯同盟国与由德国、日本、意大利等国组成的法西斯轴心国，进行对垒决战。全世界的人民被拖进了战争的深渊，迄今为止这是人类文明史上绝无仅有的浩劫和灾难。

　　在这场大战中，交战双方投入的兵力和武器之多、战场波及范围之广、作战样式之新、造成的损失之大、产生的影响之深远都是前所未有的，创造了许多个历史之最。

　　第二次世界大战的胜利具有伟大的历史意义。我们历史地、辩证地看待这段人类惨痛历史，可以说，第二次世界大战的爆发给人类造成了巨大灾难，使人类文明惨遭浩劫，但同时，第二次世界大战的胜利，也开创了人类历史的新纪元，给战后世界带来了广

泛而深远的影响。促进了世界进入力量制衡的相对和平时期；促进了一些殖民地国家的民族解放；促进了许多社会主义国家的诞生；促进了资本主义国家的经济、政治和社会改革；促进了世界科学技术的进步；促进了军事科技和理论的进步；促进了人类认识史上的一场伟大革命；促进了世界人民对和平的深刻认识。

第二次世界大战的胜利也是世界人民反法西斯战争的胜利，成为20世纪人类历史的一个重大转折，它结束了一个战争和动荡的旧时期，迎来了一个和平与发展的新阶段。我们回首历史，不应忘记战争给我们带来的破坏和灾难，以及世界各个国家和人民为胜利所付出的沉重代价。我们应当认真吸取这次大战的历史经验教训，为防止新的世界大战发生，维护世界持久和平，不断推动人类社会进步而英勇奋斗。

这就是我们编撰《第二次世界大战纵横录》的初衷。该书综合国内外的最新研究成果和最新解密资料，在有关部门和专家的指导下，以第二次世界大战的历史进程为线索，贯穿了第二次世界大战的主要历史时期、主要战场战役和主要军政人物，全景式展现了第二次世界大战的恢宏画卷。

该书主要包括战史、战场、战役、战将和战事等内容，时空纵横，气势磅礴，史事详尽，图文并茂，具有较强的历史性、资料性、权威性和真实性，非常有阅读和收藏价值。

豺狼陷阱

目录 CONTENTS

隆美尔

第二次世界大战主要悍将

豺狼陷阱

第 二 次 世 界 大 战 主 要 悍 将

隆 美 尔

　　隆美尔，德军元帅。第二次世界大战爆发后，希特勒任命他为第七装甲师师长，在德军闪击西欧的侵略战争中，隆美尔立下了汗马功劳。1941年2月，隆美尔升任"德国非洲军"军长，他指挥的装甲部队冒着沙漠风暴勇猛穿插，全速前进。英军猝不及防，节节败退。1942年11月，隆美尔在阿莱曼战役中，终因寡不敌众而惨遭失败，后被希特勒逼迫自杀。

出版《步兵攻击》
引起元首关注

在德国符腾堡州斯瓦比亚的海登海姆，1891年11月15日诞生了一个后来颇受希特勒重用的人物，他就是隆美尔。

隆美尔小时候体弱多病，很少参加孩子们的游戏，对竞技、体育等更不感兴趣。直至10岁时他的性格才有所改变，打网球、骑自行车、滑冰等都成了他喜爱的运动项目。随着年龄的增长，他渐渐具备了斯瓦比亚人常有的一些特征——强壮、自信、倔强、节俭和实用主义。

1898年，隆美尔开始从私人教师那里学习必要的知识，以便能进入他父亲任校长的中学读书。

1900年隆美尔考进了一所拉丁学校并在那里就读了五年。

1908年秋，他开始在格蒙登皇家现代中学五年级读书，一年后升上六年级。这成了隆美尔从军前的最高学历。日后当隆美尔跻身将军、元帅之列时，与一些有着显赫家世受过良好教育的同行相比，便难免自惭形秽，不过这更使他发愤努力。

青少年时代的隆美尔并没想做一名军人。他的第一志向是当一位工程师，因为他喜欢机械学。

14岁时，他和一位朋友在阿伦的田野里制作了一架完整的盒式滑翔机，而且居然使它飞出了一段距离。当时莱特兄弟刚刚发明飞机不久，还是个少年的隆美尔能制作出一架滑翔机也算是了不起了。

正基于此，隆美尔经常向人夸耀他的这项发明。他的遗物中还保留着一张很小的这架滑翔机的照片。可见，隆美尔最初的志向与他后来的辉煌业绩

几乎没有什么必然联系。

俗话说，知子莫若父。尽管少年的隆美尔就有了令人可喜的小发明，但老隆美尔还是希望儿子能去从军。从当时的大背景看，德国是一个军国主义国家，德国为了争夺世界霸权大力扩充军备。军队在社会中占有优越地位，军人们享有种种特权。参军对隆美尔的前程来说，未必不是一件好事。

1910年，隆美尔加入第一二四伍尔登堡步兵团，三个月后被提升为下士，六个月后成了一名军士，1911年3月又被送到但泽皇家军官候补生学校。按照德国军制，军官主要是通过专门的军事院校来培养。

军事院校根据自愿原则接纳主要是出身于贵族和资产阶级的青年人并加以训练。由于军队中的军官几乎总是配备不齐，加之不断扩军使军官缺额更多，军事院校就接纳了一定数量的小资产阶级、僧侣、官吏、知识分子出身的人。

隆美尔就是这样成为一名军官候补生的，这对他来说是很幸运的。那时德国共有8所陆军幼年预备学校和11所军事学校。

隆美尔在军官候补生学校期间对军事表现出特殊的兴趣，他把大部分时间都用到了完成军事课目上，射击、操练、击剑和骑马等训练项目都一丝不苟地完成。

仅仅过了两年时间，在1912年1月，隆美尔就被授予中尉军衔，随后回

隆美尔像

到第一二四步兵团。在之后的两年里，隆美尔一直在那里训练新兵。训练的主要内容是单兵训练和分队训练。

此外，还要向士兵们灌输由普鲁士创建的德意志第二帝国即将成为一个"世界帝国"的思想，帝国的社会制度、国家体制和社会结构都是完美无缺的，军人的职责就是不惜一切捍卫现存的一切。隆美尔虔诚地信仰着这一切，而后义无反顾地向他的那些新兵们灌输着。

1914年3月1日，隆美尔被派到离家乡不远的乌尔姆第四十九野战炮团的一个炮兵连服役。德军统帅部十分重视炮兵建设，德军每个步兵师都有一个105毫米榴弹炮营，每个军有一个150毫米榴弹炮营。集团军则配备了独立炮兵营，但德军的炮兵训练水平却不是第一流的。尽管如此，在炮兵中的经历使隆美尔有机会掌握了这一技术兵种的专门知识，为他将来很快胜任合成军队指挥官提供了便利条件。

1914年8月1日，德皇威廉二世宣布全国总动员，点燃了第一次世界大战的战火。在比利时的一个村庄里，隆美尔参加了他平生第一次战斗。

他一连24小时都在巡逻，几乎没有合眼睡上一觉，他已精疲力竭，饥肠辘辘。这时一队20人的法国兵向他们发起了进攻并占领了村庄。隆美尔与一个排中的另三个人立即发起反击。

他大叫一声向法军冲去并率先开了火，几名法军应声倒地，残存者立刻卧倒以猛烈的火力还击。隆美尔被打得抬不起头来，被迫退了下去。

待全连到达后，隆美尔再次发起反击，终于击退了法军，占领了村庄并抓了很多俘虏。隆美尔取得了第一次战斗的胜利，并因此获得了二级铁十字勋章。

这次战斗规模很小，谈不上什么重要意义，但却显示出隆美尔的战斗风格。在他以后的戎马生涯中，只要有机会，不论作战规模的大小，他都采取先发制人的打法。

隆美尔所在团随大军穿过比利时后，继续向巴黎迂回前进。

1914年9月5日至12日马恩河战役后，西线转入阵地战。隆美尔所在的团

在阿贡纳斯森林一带作战。

1915年1月29日，在德军发起的一次攻势中，隆美尔带着他的士兵爬过100码带刺的铁丝网，突然闯入了法军的主阵地，占领了四个地堡，但后继部队没有增援上来。这时法军以一个营的兵力发起了反攻，并夺回了其中一个地堡。隆美尔凭借其余三个地堡击退了这次反攻，并在法军即将发起一次新的进攻之前，带领士兵顺利地撤出阵地，仅仅损失12人。这一行动使他获得一级铁十字勋章。授予一名年轻中尉如此高的荣誉，这在全团还是第一次。

1915年9月，隆美尔晋升为上尉，在随后的突破科罗弗拉防线、攻克蒙特山、占领隆格诺恩等作战中，隆美尔表现非凡，终于获得渴望已久的由德皇威廉二世授予的功勋奖章。

在长达四年的残酷厮杀中，隆美尔先后三次负伤，但显露了自己的战术风格：先发制人并不惜冒一切风险，千方百计渗透到敌防线后方动摇其决心，巧妙地发挥火力优势并尽量夺取敌人的弹药。他悍勇倔强、狡诈多谋、拼命追逐荣誉，在战火中显露出了锋芒。

第一次世界大战结束后，被法国总理克雷孟梭嘲弄为"生于不义，自当死于耻辱"的德国沦为任人宰割的羔羊。根据《凡尔赛和约》，德国不准建立空军和制造潜艇，只准保留为数很少的轻型军舰和一支10万人的国土防卫部队。

在随后进行的裁军中，隆美尔因其在战时的突出表现总算保住了饭碗，有幸成为4000名军官中的一员。

1918年12月21日，隆美尔又回到步兵团任连指挥官；1920年10月1日，他调到驻守斯图亚特的第十三步兵团任连长，一干就是九年。

1933年10月，隆美尔被提升为德国中部哈兹山区十七步兵团第三营指挥官。

1935年，隆美尔被派往波茨坦，就任新的波茨坦陆军学院教官。波茨坦是普鲁士军国主义的摇篮，弗里德里希二世的遗体就埋葬在这里。波茨坦卫戍部队教堂更是普鲁士军国主义的圣地，霍亨佐伦王朝的历代先王都曾在这

里做过礼拜。

希特勒上台后于1933年3月21日也在这里举行了他不久就要解散的新国会的开幕式。

那一天，参加过俾斯麦统一战争的老军人被找来了，旧的火炮和军旗被摆设好，总统兴登堡身穿老式陆军元帅服，冯·马肯森陆军元帅也身穿威武的制服出席了那天的开幕式。

波茨坦总能勾起昔日德国人心目中辉煌的回忆，尤其在20世纪30年代，更成了希特勒及其党徒煽动民族复仇主义的一面旗帜。隆美尔对到这里任教无疑是兴奋不已的。军事学院的陆军元帅大厅悬挂着44名普鲁士——德国陆军元帅的油画肖像。隆美尔站在讲堂上显得意气风发。

纳粹崇拜武力的象征

　　隆美尔在为高年级授课期间，整理了他的讲课记录，然后又戏剧性地把它们用现在时态写成一部井井有条而又颇为生动的书。

　　1937年年初，这本书以《步兵攻击》为题问世。该书共分六章，完整记述了隆美尔个人在第一次世界大战中的战斗经历。

　　书中贯穿了德国军事理论的进攻精神，提出"进攻，进攻，进攻！"强调了发挥火力的重要性，"数量居于劣势之军，可以采取更多地使用自动武器或者更加迅速地发挥火力的方式压倒数量居优势之敌"。隆美尔在书中还提出要实施欺骗、恫吓等手段。第二次世界大战时，隆美尔在法国和北非所运用的战术实际上是他在第一次世界大战中所用战术的丰富和发展。

　　这本以实践经验为主要内容的书成了畅销书，至1944年10月，至少重印18次。美军于1943年将该书译成英文，乔治·巴顿将军不止一次地阅读过此书，并能背诵许多重要章节和段落。隆美尔当时赚了一大笔稿酬，一下子富裕了起来，并因此名闻遐迩，被无数德国青年崇拜。

　　隆美尔任教于波茨坦陆军学院期间，正值德国社会处于急剧变动时期。希特勒正马不停蹄地进行着扩军备战。不过隆美尔在1936年9月被任命为希特勒的警卫部队的指挥官之前，与这个影响他终生的法西斯分子并没有过多的接触。他们的第一次相遇是在1934年。

　　那一年的9月30日，希特勒到戈斯拉访问时顺便视察了隆美尔所在的营。希特勒在视察该营仪仗队时，隆美尔跟在旁边，戴着一顶看上去尖得像煤斗式的钢盔，穿着一双擦得锃亮的马靴。

　　就在这次对双方来说都不过是例行公事的行动中，戈培尔首先发现了隆美尔这个"人才"。

　　事情是这样的。在希特勒访问戈斯拉时，隆美尔奉命担任警卫工作。党卫队头子希姆莱坚持要在第三营部队前面派上一些党卫队队员，被隆美尔婉言拒绝。后来是戈培尔说服希姆莱让步的。因为那年6月30日的"罗姆事件"刚过去不久。

　　罗姆是希特勒赖以起家的纳粹分子武装"冲锋队"的头目。他在希特勒

登上总理宝座后叫嚣要进行"第二次革命"，要以"冲锋队"取代陆军，陆军和"冲锋队"的关系搞得非常紧张。最后希特勒为了维护与军队的关系，不得不在那个月的"长刀之夜"干掉了罗姆及其追随者。现在希姆莱要让党卫队的队员们排在第三营士兵的前面，显然是对军队不信任的表现。隆美尔以自己的忠诚和信誉维护了军队的荣誉。

戈培尔正要找一些典型的军官加以宣传，以提高军队的地位，这关系着希特勒帝国的安危和未来发动侵略战争的成败。

佩戴少校军衔和耀眼的功勋奖章的隆美尔仪态庄重、素质良好，片刻之间成了戈培尔心目中的典型。从此隆美尔和戈培尔结下了不解之缘。隆美尔后来荣任希特勒警卫部队指挥官也多亏了戈培尔的栽培。

隆美尔真正引起希特勒的注意是在担任新职后不久，那次他以实际行动证明自己是位不讲情面、忠于职守的军官。

有一天，纳粹党在纽伦堡举行集会，隆美尔担负着比一般安全警卫更大的责任。集会期间，希特勒决定乘汽车兜兜风，并指示已晋升上校的隆美尔，他的车后最多只许跟六辆车。

到指定的时间，希特勒公寓的路边挤满了部长、将军、省长和他们的小汽车。隆美尔让前面的六辆车通过后，便亲自站在路当中命令其他车辆停止前进。

那些要员们气得大声诅咒："真是无法无天！上校，我们要把这事报告给元首。"

隆美尔毫不客气地说："对不起！我已用坦克堵住了前面的道路。"

当天晚上，希特勒派人把隆美尔叫去，当面赞扬他执行命令果断坚决。

1937年年初，隆美尔的《步兵攻击》出版后，希特勒读了这本书，并把它当做一部有关步兵教程的最好的书。于是，隆美尔开始受到了重用。

1937年2月，隆美尔被任命为希特勒青年团领袖巴尔杜·冯·席腊赫的作战部特别联络官。希特勒青年团是纳粹党的外围组织和准军事部队，任命隆美尔担任该职是想使他加强与纳粹党的联系。

希特勒是出身贫贱的流浪汉，对军队的贵族化倾向很不满意，他需要拉拢一些像隆美尔这样出身平民的年轻军官，以加强纳粹党和军队的关系。

但隆美尔在这个岗位上干得并不顺心。

仪表堂堂的席腊赫是个十足的纳粹党。因倾心于希特勒，席腊赫加入纳粹党，并于1933年6月被任命为545万德国青年团的领袖。

30岁的席腊赫看上去仍像个稚气未脱的美国大学生，而隆美尔却是个地道的普鲁士军人。两人的气质相差甚远，在相处的日子里关系越来越糟。

希特勒青年团直接向希特勒本人负责，向青年们传授体育、文化和纳粹哲学方面的知识。作战部还决定青年们必须接受半军事化训练。

隆美尔出于职业本能，上任之初就提出让德国军队里的未婚中尉担任培训希特勒青年团的工作，席腊赫对此不置可否。隆美尔还宣传开展初级军事教育，他在加强希特勒青年团的军事化方面做过了头，连席腊赫本人也觉得未免太过分。但隆美尔依然我行我素。

两人关系越来越僵，一次在戏院举行庆祝晚会时，席腊赫坐在第一排，而把隆美尔安排在第二排。

隆美尔直截了当地移到第一排一个空位上坐下，并大声宣告："我代表着德国军队，在这个国

希特勒像

家里，军队应该是第一位的。"

这期间，希特勒加紧了侵略扩张的准备工作。

1937年11月5日，希特勒向纳粹德国的党、政、军要员们宣布了他未来的侵略扩张计划。

1938年2月，取消国防部，设立国防军最高统帅部，希特勒成了当然的最高统帅。

3月，德国兵不血刃地吞并了奥地利。

9月，德国又在慕尼黑会议上迫使英、法等国把捷克斯洛伐克有争议的边界领土苏台德地区割让给德国。希特勒决定要到那几个古老的德国城市去游览一番，遂提拔隆美尔为元首大本营的临时司令官。

至1939年8月，隆美尔作为"元首大本营"的指挥官正式向希特勒报到，并被提升为少将。

总之，隆美尔几次服务于希特勒身边，密切了与希特勒的关系。他给这位独裁者留下了精明强干、恪守职责的良好印象，从而为自己搭好了日后晋升的阶梯。

同时，隆美尔还大大开阔了军事视野，耳闻目睹了新式武器的运用在作战样式上所带来的巨大变化。

指挥"魔鬼之师"
横扫欧洲战场

德国攻打法国这个宿敌，是在"闪击"波兰取得重大胜利之后。

隆美尔作为一个传统的步兵军官，在陪伴希特勒巡视波兰战场期间，"对装甲部队在这次大战中的作用和战绩，羡慕不已"。

陪同希特勒从波兰返回德国后，隆美尔利用经常能见到元首的特殊条件，开始伸手向希特勒要官了，他要求能去指挥一个装甲师。然而，当他的这个要求拿到陆军总部讨论时，陆军总司令勃劳希契没有同意。

勃劳希契认为可以让隆美尔去指挥一个师，但这个师仅应限于步兵师，因为他是纯粹的步兵出身。要知道当时德军远没有全部机械化，为数不多的装甲师被陆军总部视为心肝宝贝，他们怎么能让从来没有在装甲部队干过的隆美尔去指挥这个技术复杂的兵种呢？

最后，还是在希特勒亲自出面干预下，陆军总部终于同意任命隆美尔为德军第七装甲师师长，并在进攻法国的战役打响之前发布了这项任命。

尽管如此，陆军总部还是舍不得把最好的装甲师交给这位从未与坦克打过交道的将军。第七装甲师原为第二轻型装甲师，是由骑兵部队改编的。

在德军入侵波兰的战争中，第二轻型装甲师只装备有90辆轻型坦克，而且多是德国吞并捷克时从捷军那里掠夺来的旧货，其战斗力远低于德军中建立较早的六个标装的装甲师。

波兰战争结束后，第二轻型装甲师改编为第七装甲师，改编后虽使坦克数量增加到两百余辆，但仍有近一半是捷克制造的轻型坦克，而且，"师里的士兵大部分来自图林根，那是德国的一个很少造就出有前途的军人的

州"。

隆美尔到任后干劲儿十足，他心里憋着一口气，"要使这个最差劲的装甲师变个样子，让陆军总部的那些显贵们瞧一瞧我的本事"。他一上任，就首先抓纪律和整顿作风。

为了整肃军纪和杀鸡儆猴，他撤销了一个只顾养尊处优的营长的职务，并让这位军官在90分钟之内离开军营。每天早晨6时，他还带头出操跑步，进行严格的体能训练。

经过一番磨炼，"这群图林根的小伙子，多数人改变了松松垮垮、吊儿郎当的习气，懂得严谨和认真了"。

其次，他狠抓坦克兵的战术训练。虽然古德里安早在1929年就提出了利用坦克进行突破的思想，德军组建专门的装甲师也已有五年的历史，但却还没有形成完整的坦克兵战术训练教材。隆美尔一边用古德里安的一些现成的

🔺 隆美尔（左）在北非战场

012

理论指导训练和演习，一边摸索新的东西。

至1940年5月对法国进攻开始时，在就任装甲师师长仅三个多月的时间内，聪明和领悟能力极强的隆美尔，不仅在坦克作战的理论和实践方面已成为内行，而且发展了某些独特的作战艺术。如把坦克部队编成各种大小队形，用快速的、熟练的无线电指挥和重炮轰击的形式实施野战等。

德军陆军总部这时才认识到隆美尔非等闲之辈，并钦佩他们的元首"慧眼"识人的本领。

1940年5月10日，德军发起了自大战爆发以来对西欧国家的首次大规模的进攻。

这是一个风和日丽的春日，天刚破晓，盟军的官兵还在酣睡中，成群的德军轰炸机便呼啸而过，对法国、比利时、荷兰和卢森堡的机场、铁路枢纽、重兵集结地区和城市进行疯狂的轰炸。

同时在从北海到马其诺防线之间的300多千米战线上，德军地面部队突破三个中立小国荷、比、卢的边境，粗暴地违反了德国人曾经庄严地一再作出的保证。

与德军对峙的法、英、荷、比等国的军队共有135个师，有着绵亘的防御工事，坦克的数量也足以与德军匹敌，可是他们并没有像德军一样把坦克集中起来，更没有料到德军竟会集中装甲部队从阿登森林突破，因此被打了个措手不及。

德军装甲部队迅速突破阿登地区。

5月14日，德军抢渡马斯河。

5月15日，德军深入法国境内后兵分两路：一路朝巴黎方向逼近，一路沿宽阔平坦的公路向英吉利海峡推进。

5月19日，德军攻克了康布雷。

6月5日，德军沿索姆河和埃纳河一线向法国首都巴黎发动进攻，开始了"法兰西战役"的第二阶段。

6月7日，德军突破法军索姆河防线。接着，隆美尔又率领部队绕过前进

道路上的设防据点，一鼓作气渡过塞纳河，急转西进，直抵第厄普海岸。此举切断了法国第十集团军左翼五个师的退路，迫使数万名法军官兵向第七装甲师投降。

6月18日，隆美尔的部队又拿下瑟堡，至此结束了他横扫法国和西欧的主要战斗。

在战斗过程中，隆美尔乘坐的装甲指挥车总是出现在最靠近前线的地方。他不是靠地图和远距离遥控来指挥作战，而总是坚持在前线指挥。他还经常率领十几辆坦克和部分摩托化步兵在前面为部队开路。

在突破法军防线后，隆美尔心中只有"攻击"二字，从不把注意力放在估计对方重新集结、进行反击、威胁翼侧和后方上，进而使他的第七装甲师总是突出在整个战线之前。

在法国作战期间，隆美尔的"魔鬼之师"共俘敌97648人，缴获炮29门，坦克和装甲输送车458辆，其他车辆3500辆。而他的师仅阵亡682人，伤1646人，失踪296人，损失坦克42辆。

法兰西之战后，英伦三岛已成孤悬海上的一叶方舟，飘飘摇摇，素有"雄狮"之称的首相丘吉尔艰难地领导英国军民在苦苦支撑局面。

但希特勒没有一支可以与英国海军决一雌雄的强大舰队，其空军在与英国皇家空军进行的英伦空战中也没有捞到什么便宜，入侵英国的"海狮计划"不得不一拖再拖。

希特勒也像拿破仑一样望洋兴叹起来。

在半年多的时间里，隆美尔没有打什么仗，比起那刀光剑影的战场来，现在恬静多了。

不过，在对法之战后的论功行赏中，一大批将领晋升了军衔，隆美尔却没有晋升中将，也未得到梦寐以求的栎树叶勋章，显得有些沮丧。直至1941年年初，他才被晋升为中将。

当然，隆美尔在战斗期间的表现也并非是无懈可击的。他的直接上级——装甲集团军司令霍特将军在一份秘密的作战总结报告中认为：隆美尔

身为一师之长，在战斗中太容易凭一时的冲动行事。另外，他的指挥经验尤其是对后勤补给的组织指挥经验仍显不足，并且对别人在他所赢得的胜利里作出的贡献没有谦逊的认识。

后来，当隆美尔邀请第四集团军指挥官为自己所写的一本有关法国之战的手稿撰写序言时，他的这位老上司委婉地对隆美尔指出：

> 书稿中没有充分反映出空军对第七装甲师的支援作用，对该师左邻右舍的战绩也没有给予恰如其分的评价。

言外之意，就是责怪他太贪功了。

虽然在德军中科班出身的装甲部队指挥官们看来，隆美尔的指挥艺术未免有些不合常规，但是他在战场上的行动足以证明：他是一个出色的装甲师师长。

他亲临前线，冲锋在前，而不是置身于战场之外；他的作战计划简明扼要，并具有很大的灵活性，使下级指挥官能见机行事；他充分利用装甲车辆良好的机动能力形成进攻的突然性，多次挫败敌方的抵抗。

隆美尔一身兼备"虎"威与"狐"气。当他率领装甲师冲锋陷阵时，他就像一只下山猛虎；而当他施展种种诡计攫取胜利时，又成了一只十足狡猾的狐狸。

正像纳粹宣传家们吹捧的那样：

> 隆美尔的魔语是速度，灵活机敏是他的资本。

在此期间，隆美尔的工作一方面是组织部队进行军事训练，另一方面是协助纳粹的宣传部门拍摄一部反映德军在法国取得辉煌胜利的影片《西线的胜利》。

隆美尔这时很注意宣传自己，也乐得能跟戈培尔的人拉上关系。为此，

他一遍遍地指挥士兵们演示作战时的情景，让摄影师精心拍摄，因为他知道这部影片放映后，隆美尔的名字将在德国家喻户晓。

空余时间里，他还将第七装甲师的战时日志整理成一本小册子，并把它呈给希特勒。

希特勒阅后大加赞赏，于1940年12月20日给他写亲笔信说：

<blockquote>你应该为自己的成就感到自豪。</blockquote>

对此，隆美尔曾兴奋地告诉妻子露西：

<blockquote>元首在日理万机的操劳中，还能抽空阅读我写的有关装甲师的历史，并且还给我回了信，这使我感到无比的荣幸。</blockquote>

其实希特勒之所以能在众多的法西斯将领中如此破格地优待他，是打算让他去担负一项更艰巨的使命。军人的本能也使他意识到了这一点。

果然，1941年2月15日，在隆美尔从部队回到维也纳新城的家中准备度假的当天晚上，"元首大本营"的一名军官带着一份要他立刻与陆军总司令和希特勒会见的通知找上门来。当夜，他便跟着那位军官动身前往柏林。

次日，他见到了陆军总司令勃劳希契和希特勒，他们告诉他：他已被任命为德国"非洲军"军长，任务是赴北非与意大利人共同对英军作战。

原来，在德国征服西欧的同时，意大利法西斯也加紧了对北非和地中海地区的侵略扩张。地中海为欧、亚、非三大洲所环抱，是世界上最大的陆间海，西经直布罗陀海峡通往大西洋，东北以达达尼尔海峡、博斯普鲁斯海峡与黑海相连，东南经苏伊士运河、红海通往印度洋，战略地位十分重要。

自中世纪以来，谁能全部或大部控制住地中海，谁就可以建立横跨欧、亚、非三洲的大帝国。其中，属于地中海文明一部分的北非地区，由于地处大西洋、地中海和红海之间，更是兵家历来争夺的战略要地。

特别是1869年苏伊士运河开通以后，列强在北非的争夺愈加激烈。至20世纪初，法国占领了北非西部的摩洛哥、阿尔及利亚和突尼斯，英国控制了北非东部的埃及和苏丹，意大利抢占了中部的利比亚。

希特勒德国征服法国后，贝当政府虽保留了在北非名义上的利益，但实力已大不如前了。英国正面临德国入侵的威胁，更难以顾及北非。

所以，法国战争结束不久，意大利法西斯独裁者墨索里尼便派遣50万大军于1940年9月入侵埃及。

希特勒原本并不希望墨索里尼到北非地区去大动干戈，特别是自1940年夏末起，在眼看入侵英国无望的情况下，他已将登陆准备作为恫吓英国的手段和着手实施入侵苏联的掩护，妄想在打败苏联夺得"生存空间"后再图谋其他。

德军在占领区驱赶平民百姓 ⬇

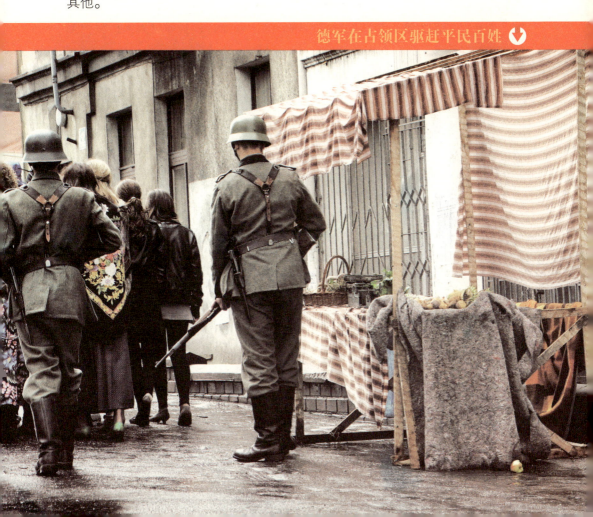

希特勒虽然不赞同墨索里尼的行动，但在意军入侵北非时曾主动提出派一个装甲师以示支援，然而却被担心"请神容易送神难"的墨索里尼婉言谢绝了。

墨索里尼原以为他的50万大军会很快旗开得胜，将英军彻底赶出北非，从而再现昔日古罗马帝国的辉煌。

岂料，开战不久英军便顶住了意军的进攻，并于1940年年底转守为攻。至翌年2月初，英军相继收复和占领了地中海及红海沿岸的巴尔迪亚、托卜鲁克、班加西等地，歼灭了意军九个师，仅俘虏就抓到了13万余人。

墨索里尼这时只好求助于希特勒。

希特勒认为：虽然对德国来说，丢掉北非并不影响他将要发动的侵苏战争，但这会对意大利人产生强烈的精神震撼，使他们因担心英国以北非为基地来对自己的国土进行轰炸而退出"轴心国"联盟，那样就将大大损害德国的战略利益。

于是，希特勒决定组织一个以两个德国装甲师为主力的"非洲军"前往北非，并挑选隆美尔为指挥官，全面负责这次远征。

希特勒挑选隆美尔为"非洲军"最高长官，给隆美尔搭就了一个充分显示自己才干的舞台。

晋升非洲军长
进军北非沙漠

为了尽快挽救意大利人的败局，1941年2月，希特勒将隆美尔调往北非前线，这是希特勒的一个重大战略举措，其主要目的是站稳地中海，谋求在印度洋海岸与日本人携手会师。

2月12日，隆美尔飞抵利比亚的黎波里城。那时，格拉齐亚尼领导的意军连吃败仗。墨索里尼非常生气，就撤销了他的职务，并任命加里波第上将担任北非意军总司令。

加里波第上将匆匆地接任了这一职务，他来到北非后，发现情况非常严峻，此时的意大利军队军心涣散，毫无斗志，可以说几乎溃不成军。

士兵们不顾命令，丢弃了手中的军械和弹药，拼命地爬上各种车辆，不顾一切地向西逃窜。有时他们为了争夺车辆，竟互相开枪射击。许多军官都已捆好了行李，一旦船只来到，就准备打道回府。的黎波里失守已在所难免，加里波第曾几次下令组织反击，但均未成功。

"真是兵败如山倒，不堪一击的意大利人。"加里波第嘟囔道。

这时联络官梅蒂尼少校进来报告说：

"将军阁下，刚才德国驻意军北非总部联络官梅根中尉打来电话，说德国的一位叫隆美尔的将军来到了北非，协助我们指挥作战。联络官还说，他们马上就来司令部拜访阁下。"

"你说那位将军叫隆美尔？"

"是的，埃尔温·隆美尔，统率'魔鬼之师'，在法国所向披靡的埃尔温·隆美尔将军。"

加里波第眼睛一亮说："这太好了，他们来得正是时候，赶快叫大家做好欢迎准备。"

但是，他心中仍有一丝不快，派德国将军来北非协助作战是一件大事，意军统帅部竟然事先不打招呼，全然不把他这位意军北非最高军事指挥官放在眼里。

半小时后，一辆吉普车疾驶而来，"嘎"的一声，在司令部大门前停了下来。

从车上下来了一位年近50岁、体格壮实的军人，他有着宽阔匀称的额头、挺直的鼻梁、突起的颧骨，小巧的嘴巴上有两片绷紧的嘴唇和一副带有轻蔑意味的下颚，从鼻孔到嘴角有几根严厉的线条，那双碧蓝的眼睛里含有一种敏锐而狡诈的东西。这就是带有传奇色彩的隆美尔。

"隆美尔将军，欢迎您，"加里波第迎了上去，"感谢您不辞辛苦前来相助。"

"我们两国是盟友，相互帮助是应该的。"

意大利的士兵正在装载火炮炮弹

"将军阁下，贵军什么时候能够到达？"加里波第急切地问道。

"一个月后。"

"一个月后？等到你们德军来了，我们早就被赶出非洲了。"加里波第暗自想道，脸上现出了失望的神色。

隆美尔好像明白了加里波第的心思，又接着说道："不过先头部队两个营后天就可抵达。另外，德国空军第十大队也将全力以赴，密切配合。目前，意军状态如何？"

加里波第回答说："阁下，意军已丧失了战斗意志，人人厌战。的黎波里的一些军官已经把行李都收拾好了，至于士兵，有的已经擅自撤离了。"

"你必须下令意军停止撤退，就地构筑防御阵地，违者军法处置。"

"阁下，此地无险可守，只能作为暂时防守。您亲自去考察一下地形吧！"加里波第有些不悦地说。

隆美尔瞪着加里波第，不客气地说："我自然会去看地形的，但我告诉你，一旦你们再往后撤，我们就不管了。"

下午，隆美尔乘一架轰炸机对的黎波里周围的地形进行了现场侦察。

从机舱里，隆美尔发现港口的东边有一条由沙子构成的高坎地带。他顿时有了主意：就在这里，利用这一天然屏障来阻截英军车辆。

回到的黎波里后，他给德国拍了一份电报：

与加里波第和诺塔亚将军的第一次会谈圆满结束。我们的建议已付诸行动。我们将在锡尔特进行战斗，我已乘机至该地区勘察过地形。

电报拍出后，隆美尔回到了他下榻的阳光宾馆，衣服也没脱就倒在了床上。

北非沙漠是一个不同于欧洲战场的全新环境。隆美尔在这里开始了他长达两年之久的新战役。这里的夏季，正午的太阳使气温上升到摄氏四五十

021

度，夜晚的气温又骤降至零度。最危险的是突然刮来的沙漠风暴。开始时只是一小点古怪的旋风在沙包之间旋转，转瞬就会变成时速达130千米的狂飙，搅起层层滚烫细小的沙粒铺天盖地。

不过，这里平坦的地面倒是机械化战争的理想战场，可以任坦克和装甲履带车辆奔驰逞威。而且，这里也是一个相对独立的战区，虽然原则上隆美尔要受意大利北非战区总司令的控制，但实际上意大利人根本指挥不动他。隆美尔直接听命于柏林。

而希特勒这时的主要力量和兴趣已集中在征服苏联的计划上，很长一段时间让隆美尔见机行事，因此隆美尔可以率领他的兵力不多的"非洲军"独立作战，充分施展自己的才干。所以，正是在北非广阔的战场上，隆美尔达到了他军事生涯的顶点。

两天后，一艘运兵船满载着隆美尔的先头部队徐徐地驶入了的黎波里港。隆美尔的士兵整齐地排列在甲板上，望着闪光的白色建筑物、掌状植物和宽阔的林荫道，士兵们心中充满了喜悦，因为这是他们第一次看到神秘的非洲。

当然，他们当中谁也不知道自己会在这里待多久。

两年后，当撤离非洲时，他们当中又会有多少人能完整地离开呢？

命运不能选择，危险和灾难不可预测。

第二天早上11时，在政府议会大楼前举行了军事检阅，一队队德国士兵身着新式热带军服，头戴钢盔，在灼热的阳光下雄赳赳地走过阅兵台。这是一支专业化的精锐部队。

隆美尔向士兵致敬，并发表了热情洋溢的演说：

> 我们将向尼罗河推进，一旦局势出现合适的转机，就把这一地区重新夺过来。

乐队奏起了德国和意大利国歌，随后，轰隆的坦克声震动了整个利比亚首都，强大的坦克群，一辆接着一辆，很长时间都没有过完。

这是隆美尔为迷惑英军而想出的一条诡计。

为了对付英国的侦察，他命令部下用木头和纸板做了几百辆坦克，有些做得十分逼真，其余的是把原来的沃尔克卡车装饰了一番。卡车和摩托车在这些"坦克"之间绕来绕去，而真正的坦克，为了避开英机拍照，早已井井有条地转动着履带开过了沙漠。

隆美尔命令琼汉尼斯·施特莱彻将军指挥的第五装甲师从锡尔特出发，沿着海岸向东进行探索。一路上，竟然没有发现英军的任何踪影。3月4日，隆美尔的部队轻而易举地到达了埃尔蒙格塔。

隆美尔感到十分迷惑。英军在哪里呢？

原来，英国的第七装甲师在2月底已调回埃及去休整，接替的是新调来的、没有经验的第二装甲师一部分；第六澳大利亚师已派往希腊，而接替它的第九师在装备和训练方面都不充分；时任英军指挥官奥康纳也在休假，由一个初出茅庐的司令官代替。

1941年3月31日，施特莱彻攻占了布雷加港。

4月2日，第五装甲师攻占了阿杰达比亚。此时，第五装甲师只有一个装甲团、两个机枪营、两个侦察营、三个炮兵连和一个高射炮营。

隆美尔这才意识到英国人开始了一次从昔兰尼加这个鳞茎状半岛的总撤退。阿杰达比亚是直接通向这个半岛的许多条道路的起点，要不要继续向前推进呢？

隆美尔轻轻地玩弄着一份电报，电报上写道："你的行动和我的命令抵触，在你继续前进之前，务必等我到达。"

这是意大利指挥官加里波第发来的。

隆美尔看了一眼后，轻蔑地笑了笑。他知道统帅部也反对他向前推进。

1941年3月19日，隆美尔飞回柏林，接受希特勒的栎树叶勋章时，总参谋长弗朗兹·哈尔德曾坚决反对他向东猛冲的计划，只是要求他守住现有的

防线，准备一次严格控制的有限进攻。

隆美尔哪里知道，他的向前推进使几个月来纳粹为干涉巴尔干和苏联而处心积虑的秘密计划失去了平衡。

4月3日晚上21时，一辆警戒森严的指挥车里，加里波第正在和隆美尔激烈的争吵。

隆美尔说："英国人的目的很明显，就是想让部队不受任何损失，安全撤出昔兰尼加。因此，我们必须继续向前，消灭英国人。"

"隆美尔将军，守住已有防线，做有限制的进攻，这是我们两国共同制订的计划。你必须绝对服从命令。"

"但现在情况已发生了变化。"

"我们的补给线拉得太长，物资供应不上。"

隆美尔咧着嘴笑："阁下，用不着为我们的补给情况担心。"

加里波第气得手指发抖，对这位军阶低于自己却一意孤行的德国将军毫无办法。墨索里尼曾有过训令，要求在北非的意军尽可能地配合隆美尔行动，不得有违。

隆美尔的副官赫尔曼·阿尔丁杰中尉送来陆军总参谋长凯特尔元帅的来电。电报是凯特尔用"艾尼格马"密码发来的。在电报中，凯特尔告知，希特勒严肃地指示，隆美尔的任务是巩固阵地并钳制英国军队，"任何必要的有限进攻均不得超过小股部队的兵力"。

隆美尔看完电报后，转过身，轻轻地对加里波第笑了笑："阁下，元首已声明给我'行动的绝对自由'，这一下，我向前进攻，你没有什么意见吧？"

肥胖的加里波第瞪了瞪眼，叹了口气。

可惜他反应太迟钝，没有识破隆美尔的诡计。

隆美尔态度坚决地下令道："命令部队立即准备跨过昔兰尼加。"

昔兰尼加是个几乎草木不生的地方，因此看不到日光阴影下的风景。杰布尔阿卡达是个荒芜的断裂山区，几道山谷把它劈开，白色或红色的沙粒常

常席卷这些山谷，阻碍一切植物的生长。这里只有贫瘠的沙石和阿拉伯人的帐篷、羊群、骆驼，机械的力量在沙漠上几乎完全受限制。

在托卜鲁克周围，看不到一个居民，甚至连矮小的松树也很稀少，多刺的灌木赤裸裸地挣扎着，屈服于上苍的意旨。

1941年4月4日黄昏时分，只习惯在欧洲柏油路上轻松行驶的驾驶员们一个接一个地撒开坚固的维亚比尔比西公路，向东插进了荒凉的沙漠。

在此后的整整一个星期，隆美尔的小股部队艰难地跋涉在这片沙漠之中，穿行在闪烁跳跃的热浪里。

最危险的敌人则是在那令人痛苦的干渴之后，突然刮来的沙漠风暴。

风沙遮住了挡风玻璃，切断了人的视线。

隆美尔的一个连级指挥官在日记里写道："在风暴中看不出三码远。感谢上帝，下午风暴平息了，我们都像鼹鼠似的从自己的洞里爬出来，然后把一切东西再重新挖出来。"

进入沙漠后不久，道路就消失了，而意大利人提供的地图毫无用处。在指南针和星斗的指引下，施特莱彻的部队艰难地向前推进。正午，烈日当空，发动机里的油由于温度过高而变得稀薄，坦克只好暂时停止前进。

一架飞机几乎擦着他们的肩膀掠过，紧接着一张纸片飘到地上，上面写着："如果你们再不立即行动，我就下来！——隆美尔"

原来无线电通信联络已经失灵，为了掌握部下的行动，隆美尔每天乘容克52式运输机或轻型飞机在沙漠上空来回巡视，督促部队加速前进。

对那些迷了路的人，他一经发现，就指给他们正确的方向。

他两次误入敌阵，把敌军当做自己的部队。

1941年4月8日，施特莱彻的坦克攻占了梅尼奇要塞。同一天，古斯塔夫·波纳斯上校的第八机枪营攻占了德尔纳。

这时，波纳斯的部队已经到了筋疲力尽的地步，他报告说，他们每一挺机枪都只剩最后一条子弹带，但隆美尔却变得冷酷无情，他命令波纳斯立即继续沿公路向东挺进，目标是托卜鲁克。

　　隆美尔赢得了这次出其不意的进攻，他恐怕一直没有想到成功的原因是什么。

　　他与德国最高统帅部的全部秘密通讯一直是用艾尼格马密码传送的。纳粹的密码专家一直认为这种密码绝对安全，敌人是无法破译的。然而，在遥远的一个英国小乡村里，英国人安装了一种更为先进的设备，它有一座房子那么大，能够将艾尼格马的秘密信号破译出来，再把它传送给与隆美尔对峙的英军指挥官。

　　但是，隆美尔多次违背用艾尼格马电码发给他的命令。4月初，英国人从破译的电文中得知，德国统帅部下达给隆美尔的命令是固守班加西，他们设想隆美尔肯定会执行这一命令。

　　因此，当隆美尔向前推进时，英军没有做任何准备，在德军的突然进攻下迅速溃败。德军迅速向前推进，直逼托卜鲁克城下。

　　德军取胜并非偶然，是因隆美尔的坚强性格和作战智慧得来的。

攻克托卜鲁克
成就辉煌战绩

沙漠的"闪击行动"，使隆美尔赢得了"沙漠之狐"的美称，也使英国在北非战场上仅几个月的时间就损失惨重。

德国"非洲军"获得了极大成功。

这时，隆美尔的声誉也几乎达到顶点，广播电台喋喋不休地重复着他的名字，纳粹德国将他视为"英雄"。

就连英国首相丘吉尔也曾在英国下院发出这样的感叹：

一个勇敢而老练的对手在同我们作战，虽然我们双方在战争浩劫中相互攻杀，请允许我说，他是一位伟大的将军。

希特勒对隆美尔也表现出特别的宠爱，提议晋升隆美尔为上将。不过，希特勒的提议受到总参谋部坚决抵制，因为隆美尔在短短两年内已经由中校提升为中将。然而，随着北非形势的发展，需要在那里设立一个在建制上仅次于集团军群的装甲兵团，因此除了把隆美尔晋升为上将之外已别无选择。

于是，隆美尔佩上将军衔，时年只有49岁。

初战大胜后，隆美尔着手准备攻打英军在昔兰尼加地区最后一处孤立的要塞——托卜鲁克港。

1941年5月上旬，德意军首次向这座仅有四千多阿拉伯居民的小城发起进攻，然而拿下它并不容易。

一是英军在这里防守兵力雄厚，总计有六个步兵旅、四个炮兵团、两个

反坦克团以及45辆坦克和75门高射炮,共36000人。

二是自然环境对进攻者不利。在托卜鲁克周围几乎全是不毛之地,夜晚的温度降至零下,"然而一到白天,热空气闪烁跳跃。从早至晚,太阳炙烤着士兵们的躯体,使之失去水分,变黑蜕皮;热风使他们的嘴唇干裂,头发卷曲,眼睛布满血丝"。连隆美尔的脸也被太阳晒起了水泡。

当然,这种恶劣的自然环境对攻守双方是一样的。但是,防守的一方由于有城内建筑和坚固防御工事的遮掩,境遇要比进攻的一方好得多。

5月,隆美尔没有打下托卜鲁克,双方在这里的战事呈现出胶着状态。不久,酷热的夏季来到了。坦克停放在沙漠上,白天烫得简直不能碰,隆美尔让摄影师拍下在坦克上煎鸡蛋的照片,借以引起德国公众的注意。因病伤官兵减员较大和补给线过长,德意军队被迫后撤。

隆美尔的迅速提升引起了意大利将军的不安。不知为什么,这位在2月抵

◆ 二战时的坦克

达、率领一个轻装甲师来帮助他们扭转危局的将军，现在实际上已经成了轴心国在北非的指挥官，并被授予管理这块土地的行政权力。

这样一来，隆美尔和意大利最高统帅部之间就出现了一种明显的敌对情绪。

1941年7月12日，意大利的指挥官加里波第——这个逐渐引起隆美尔喜爱的和蔼、温顺的老头，突然被墨索里尼那位风度翩翩、留着唇髭的私交埃托尔·巴斯蒂柯将军所取代。

有个德国人形容巴斯蒂柯，说他是个"难对付的、蛮横的独裁者"。明显地，在这个沙漠舞台上，不可能同时容纳他和隆美尔。

作为隆美尔的正式上司，7月底巴斯蒂柯把这个风尘仆仆、头发蓬乱的"沙漠之狐"召到他在昔兰尼加的大理石宫殿里，明确表示，他要给这只狐狸带上"口笼"。

"到柏林去势在必行了。"隆美尔在一封写给家里的信中怒气冲冲地说。

两天后，隆美尔乘坐他的"亨克尔"飞机，来到了东普鲁士希特勒的大本营"狼穴"。在那里，希特勒对隆美尔在萨卢姆战役中的胜利，给予了令人激动的褒奖。

在隆美尔动身之前，希特勒批准了他为进攻托卜鲁克将采取特殊措施而提出的全部要求——只有一个例外，不得使用德国科学家发明的一种具有巨大穿透力的空心炸药炮弹。

这种武器的密码代号为"红头"。虽然库存品已经送到利比亚，但由于这种武器还是一个绝密，所以希特勒不让隆美尔使用。不过希特勒命令空军在隆美尔全面进攻开始时，向托卜鲁克第一次投掷一种两吨半的新型炸弹。同时他还指示海军向地中海出动六艘潜艇和部分鱼雷艇，协助封锁托卜鲁克。

1941年8月6日，隆美尔在德国驻意大利武官林特伦的陪同下拜见了墨索里尼。

"隆美尔将军，祝贺你被提升为上将。"墨索里尼握着隆美尔的手，亲切地说。

"谢谢！"隆美尔对墨索里尼行了个军礼。

话题围绕着要不要从托卜鲁克撤退和放弃萨卢姆前线展开。

隆美尔作了自信的描述：

> 萨卢姆前线的前景是光明的，我们能守住这一阵地，甚至打败敌军。尽管他们在兵力上占有优势。只要能得到充足的后勤补给，胜利是完全有把握的。

墨索里尼被深深地打动了。他对意军总参谋长卡瓦利诺说："你和林特伦立即飞往利比亚，进行必要的部署。"

但是，巴斯蒂柯仍旧把隆美尔对托卜鲁克的兴趣看成一种病态的迷恋。

9月6日，他还写信给隆美尔，建议在不惊动托卜鲁克的情况下向埃及发起进攻。

隆美尔十分生气，他没有告诉巴斯蒂柯，已经派人前往罗马。罗马方面回答说，按既定的方针办，在尼罗河推进之前，攻下托卜鲁克是"绝对必要的"。罗马方面还答应提供给养，以便隆美尔可以在1941年11月初发起进攻。

隆美尔听到罗马的回复后，暗自笑了："巴斯蒂柯，到底是听你的，还是听我的？"

进攻托卜鲁克定在11月份。

1941年11月21日，隆美尔决定二打托卜鲁克。为了争夺托卜鲁克防线的防御支撑点西迪拉杰格，他决心集中德意军队的坦克部队与英军进行殊死争战。双方的一千多辆坦克在大量飞机火炮支援下，展开了前所未有的沙漠坦克战。

德意军队虽然占领了西迪拉杰格，但因损失过大又被迫撤走休整。

030

1942年年初，地中海形势发生变化。

轴心国的海空军在马耳他海域实施严密封锁，英国航空母舰"皇家方舟号"和战列舰"巴汉号"被击沉，战列舰"伊丽莎白女王号"和"英雄号"也在马耳他岛附近被击伤，轴心国的运输船只能够较顺利地通过马耳他海道而到达北非。隆美尔由此得到了235辆坦克和11个营的增援部队。

隆美尔决定再次发动对英军的攻势。

为了达成突然性，他既不把意图通报北非意军总部，也不报告德国最高统帅部，就组成了两个突击群，并亲率先头部队挺进阿杰达比亚。

1月22日夜，隆美尔率部包围了英军第一装甲师，经过激战，该师主力冲出包围逃走。

25日，隆美尔向姆苏斯进攻，占领该地并缴获96辆坦克。接着，隆美尔不顾意军总参谋长卡瓦利诺的亲自劝阻，继续前进，于29日第二次占领班加西，俘虏英印第四师官兵千余人。

这一胜利使隆美尔得到了一柄镶有栎树叶和骑士十字勋章的佩剑，"非洲军"被升格和扩编为装甲集团军，身为该部指挥官的隆美尔也顺理成章地晋升为上将。

1942年4月，德意首脑会晤，商讨非洲作战的战略问题，隆美尔强烈要求最高统帅部拿下盟军攻击他运输线的基地马耳他岛，以便他能攻击贾扎拉，夺取托卜鲁克。

希特勒和墨索里尼同意隆美尔进攻，但对能否拿下马耳他岛感到力不从心。之后，隆美尔决定以意军第十、第二十一军为主向贾扎拉发动正面进攻，自己则亲率德国部队和意军第二十军迂回到贾扎拉的背后发起进攻。

5月26日夜，隆美尔开始行动，但很快被英军打退，他本人也险些被对方炮火击中。

30日，德国空军派出320架飞机前来助战，隆美尔这才又恢复了攻势。

31日，隆美尔对贾扎拉重新发起进攻，经过十余天激战夺取该地。

6月17日，德军占领阿德姆。

　　三天后，托卜鲁克连同大批的军用物资一起落入隆美尔的手中。隆美尔命令拥有100辆坦克的庞大前锋部队毫不迟疑地继续前进，而此时的英军第八集团军已没有什么装甲力量了。巴尔迪亚、塞卢姆和哈勒法亚迅速失陷，第八集团军直退到迈尔萨·马特鲁才进行抵抗。

　　6月21日，托卜鲁克的英军指挥官克洛普中将被迫率三万余名守军投降。托卜鲁克的失陷，使英国军方处于难堪的境地，丘吉尔政府也受到国内舆论的强烈谴责。丘吉尔不断地说：

别的无关紧要，只要打败隆美尔就行！

　　与此同时，正是隆美尔一生中最荣耀的时光，他的声誉在这时达到了顶峰。"沙漠之狐"的名字在纳粹德国的上空回荡，希特勒甚至发布特别公告，表彰隆美尔的战绩并破格晋升他为陆军元帅。

第二次
世界大战
主要悍将

击败英军劲旅
遭遇蒙哥马利

战功并非一蹴而就。

早在隆美尔担任装甲师师长时的第一个行动，就是让团指挥官休假。他说："在我自己掌握情况之前不需要你们。"

他拼命阅读有关坦克战的书籍，一次又一次地观看坦克演习，三个月后，这位步兵出身、对坦克一窍不通的军官，居然在坦克作战的理论和指挥上有了很深的造诣。

另一个重要原因，就是他独特的领导指挥艺术。他对部属要求严厉，但同时又能充分调动他们的积极性，使部属具有勇往直前的"无畏"精神。

英军奥金莱克将军深知，如果第八集团军被歼，那么就再也没有什么力量能够拯救尼罗河三角洲和中东其他地区了。因此，他亲赴现场进行指挥，一方面动用精良的新西兰师暂时拖住德军，一方面则利用这段时间来重新组织溃败的军队坚守阿拉曼一线。

1942年6月29日，德军又占领了英军的最后一道防线梅尔沙马特鲁布港，在阿拉曼一线与英军形成了对峙局面。

在阿拉曼一线阻击隆美尔"非洲军"的英国部队有：新西兰师、澳大利亚师以及经过沙漠深处血腥厮杀后归来的英印军队。他们把隆美尔的非洲军阻在了这里，使其无法取得迅速突破而向中东推进。

隆美尔深知，阿拉曼是英军在尼罗河前的最后一道防御阵地。突破阿拉曼，征服埃及就指日可待。为此，他在这里摆下阵势，准备长驱直入。但是此时隆美尔的非洲军被种种不利因素困扰着。这支部队虽然节节取胜，但经

过战斗消耗已疲惫不堪。而且他们被阻于沙漠之中，处在这条漫长而脆弱的补给线的末端。因此，隆美尔急于想打破这种局面。

1942年7月1日凌晨3时，德军步兵、机枪手和第九十轻装甲师的其他士兵重新爬进自己的卡车，编成宽阔的队形出发进攻阿拉曼。

严阵以待的英军进行了英勇的还击，德军损失惨重，士兵们纷纷溃退。指挥官逼迫他们返回阵地，但士兵们却原地不动。隆美尔亲自驱车上阵，重新组织进攻，但被英军的炮火挡回。

"实在太可怕了，"隆美尔的副官阿尔布鲁斯特在日记中写道，"一枚炮弹刚好在离总司令小车六米远的地方爆炸。在密集的炮火下，我们发疯似的挖着坑，以便在随后的三小时里可以把脑袋藏起来，直至天黑，我们才从这种困境中解脱出来。"

7月2日，德军第九十轻装甲师在没有任何炮火掩护的情况下，遵照隆美尔的命令，再次向英军阵地发起攻击，但仅仅前进了2000米，就被英军势不可当的炮火和机枪扫射给挡住了。

1942年7月13日，隆美尔对阿拉曼防线上的盟军部队发动了大举进攻，把正在迅速重新装备的非洲军装甲力量投入战斗。

阿拉曼战役的第一场真正战斗正式打响了。

英军在阿拉曼战线顽强地阻住了隆美尔发起的进攻，隆美尔只好命令他的部队撤回到原出发地。随之而来的是一个又一个的失败。隆美尔的两个意大利师崩溃了，盟军在另两个意大利师之间又冲出一道突破口。

7月18日，整个阿拉曼战线一片寂静。隆美尔在前线巡视，指挥士兵们埋设地雷和修筑工事。他认为，一种暂时的危机已经出现，一直要到德军主力到达时为止。

为了夺得埃及，迅速占领非洲，希特勒对隆美尔的非洲军事力量和武器装备都进行了大量的补充。

隆美尔决定：

要从阿拉曼防线的南端突破，并在那里与英第八集团军进行决战，然后直取埃及的开罗和亚历山大港，横渡尼罗河，征服整个埃及。

1942年7月，北非沙漠中的英国第八集团军，在离埃及亚历山大港只有两个小时汽车路程的阿拉曼，濒临全面溃败。消息传到伦敦，英国一片哗然。

仅仅一个多月前，第八集团军这支出类拔萃、最能征善战的英国部队，还在约750千米以西的利比亚沙漠完善的既设阵地上，摆开阵势准备给隆美尔的非洲军团以粉碎性打击。然而此时，第八集团军不仅败北，还面临崩溃，趾高气扬的德国装甲部队几乎已开到了亚历山大和开罗的大门口。

埃及的严峻局势，使丘吉尔大为震惊。

8月4日，丘吉尔抵达开罗，与有关人士举行了会谈。奥金莱克被解除了中东战场的指挥权，他的主要参谋军官也大部分被解职。经过协商，决定任命第十三集团军的戈特将军为第八集团军司令。

8月7日，戈特在赴任途中，不幸被德军的战斗机击中丧命。结果，刚刚被任命为第一集团军司令的蒙哥马利改任第八集团军司令，亚历山大将军被任命为中东战场总指挥。

丘吉尔向亚历山大

隆美尔（左三）在研究战况

035

和蒙哥马利发出了最后通令：

不惜一切代价打败隆美尔的非洲军团。

担任第八集团军司令，蒙哥马利本人大概也没有想到，戈特的丧命使他有机会成为阿拉曼战场的指挥官，而此次走马上任也成了他军事生涯的一个转折点，正是此战使他利成为英国历史上最著名的将军之一。

蒙哥马利在许多方面都与他的对手隆美尔相似。两人都很孤僻，在同行中，"敌人"多于朋友，并且为人都很专横、傲慢。在受到约束的情况下，两人都是难以对付而又抗上的军官；然而在一切由他们支配的时候，却又都是最优秀和最有独到见解的战斗指挥官。

1942年8月13日5时，蒙哥马利离开英国大使馆，向沙漠进发。在亚历山大港以西不远的一个十字路口，第八集团军司令部的作战情报处长德·甘冈已如约在那里迎候他。

德·甘冈与蒙哥马利相差14岁，曾一度是好朋友，可这些年失去了联系。为了尽早了解情况，蒙哥马利请他同车。

在车上，他们紧靠坐着，膝上铺着一幅地图。

蒙哥马利说道："现在想请你谈谈德军的最新状况。"

德·甘冈清了下嗓子道："目前，隆美尔的部队由于长驱直入，交通线拉得很长，随时有被我们切断的危险。根据我们的情报，他在人员和物资方面十分短缺，他的各个师总共缺员16000人，他的运输工具有85％是缺少备件的缴获车辆，他的战斗装备的数量比编制规定的少210辆坦克和175辆装甲运兵车，他的弹药十分缺乏，他的士兵的口粮质量极差，他的燃料储备也很少，而且补充又没有把握。"

蒙哥马利饶有兴趣地听着。在德·甘冈讲完后，他笑着问："这么说，隆美尔应该向后撤退才对啰？"

德·甘冈思索了一下回答说："根据这种情况，按理说，隆美尔最明智

的方针是实施'兴登堡路线'式的撤退，即向西撤退到某个适当的防御阵地上，以缩短过长而危险的交通线。况且，我们战线的北段和中段已经形成了一系列相互联系的箱形阵地，箱形阵地的南翼侧有宽广的地雷场，一次有计划的撤退将使英军这些精心构筑的工事完全失去作用，对德军十分有利。但我认为德军不会撤退。"

"说得对，隆美尔肯定会发起进攻的。"蒙哥马利接过话说，"不管撤退的理由多么充足，撤退实际上是不可能的，在8月份，德军的大战略计划看来仍然是可行的，在德军实施的大钳形运动中，俄国方向的大量德军将经过小亚细亚南下，与向东进攻的非洲军团结合起来，向盛产石油的地区和印度洋突进。目前，德军向俄国南部发动的攻势十分顺利，如果隆美尔在非洲往后撤，希特勒是决不会同意的。"

德·甘冈佩服地点了点头。

"你认为如果德国人要发起攻击，进攻的方向会在哪里？"蒙哥马利又接着问道。

"在南侧，这是我手下的情报人员搞到的非常准确的情报。"德·甘冈很有信心地说。

"好，那我们就在这里给他们布好陷阱，让他们自己掉进去。"蒙哥马利指着膝上的地图说。

通过这一路的交谈和观察，在到达第八集团军司令部之前，蒙哥马利心中已选定德·甘冈做他的参谋长了。

上午11时左右，他们到达了第八集团军司令部。第八集团军代理司令拉姆斯登中将在1938年至1939年间曾在蒙哥马利领导下当过营长，见到老上级，拉姆斯登表示热烈欢迎。

蒙哥马利下车后，发现眼前一片混乱：在满目荒凉的沙滩上，只有几辆卡车，绝大多数的工作都得在烈日之下的卡车内或露天里完成，军官们都睡在地上，伙食极差，苍蝇乱飞。

虽然他自己习惯于禁欲主义，但却要求参谋人员应当有合情合理的生活

享受，他和丘吉尔一样对这里到处脏乱感到厌恶。

而且他还发现战场上的一切都有一种捉摸不定的气氛，情况十分危险。于是他决定立即接管第八集团军的全面事务，而不是等到15日之后。他把拉姆斯登派回到第三十军后，就接任了第八集团军司令一职。

刚一上任的蒙哥马利，面对着的是混乱的部队和低落的士气，全军上下都充满准备撤退的气氛。

敏锐的蒙哥马利一到前线就发现了英军屡屡失败的原因，那就是对胜利没有信心，恐惧"沙漠之狐"，但他并没有因此而动摇自己的信念。

当天晚上，他就召集60名高级军官和作战参谋训话。

他以坚定、沉着、充满自信的语气对部属说：

　　　　我不喜欢这儿的气氛，这是一种怀疑的气氛，是向后寻求增援部队、挑选下一个撤退点的气氛，是对我们能够击败隆美尔失去信心的气氛。我们将在此战斗，决不后退。如果我们不能在此生留，就让我们在此献身。

蒙哥马利这次激动人心的讲话，一扫众人心头悲观失望的情绪，鼓舞了士气，使这支遭受暂时挫折而萎靡不振的军队又产生了巨大的精神力量而重新振作起来。

蒙哥马利接着对他的军团进行了大规模的改组，解除了一批意志软弱的指挥官的职务。他命令部队，无论发生什么情况都不准撤退；他号召官兵们"向敌人进攻，歼灭他们"，创造英军的辉煌。

费尽心力布设
"魔鬼的乐园"

在英国舆论的压力下，丘吉尔急不可待地来电催促上任不久的蒙哥马利进行反攻。

但蒙哥马利明白，目前这种情况下仓促实施反攻，弊多利少，无取胜的把握。于是，他据理说服丘吉尔，把反攻的时间推迟十天，以便做好充分的准备工作。

随后，蒙哥马利调查研究了英军在北非作战的情况，认为英军接连失利有以下主要原因：一是对装甲部队在沙漠地区作战的特点和作用缺乏认识，作战指挥因循守旧；二是陆军和空军各自为战，不能密切协同；三是在战术上零星分散地使用坦克，给敌人以各个击破的可乘之机。

蒙哥马利还研究了隆美尔攻击英军装甲力量的常用手段：隆美尔常常是以少量装甲部队做诱饵，将英军装甲部队引入预先设置好的反坦克阵地中加以消灭，或引诱英军装甲部队孤军深入，然后断其退路，将其分割围歼。

在总结教训并研究了敌人之后，蒙哥马利决定将一些分散使用的坦克部队和装甲车部队集中起来，编为装甲军，以集中力量对付隆美尔的装甲军团；成立联合指挥部，以直辖各军兵种在作战中的行动，并要求部队遇到敌步兵坦克协同作战时，先消灭其步兵，割断敌步坦之间的联系，孤立敌坦克，使其陷于被动挨打的境地。

1942年8月下旬，蒙哥马利获悉隆美尔将对英军发起新的攻势的情报后，仔细检查了英军在阿拉曼地区的防务。

鉴于该地区满威萨高地和阿拉姆·哈法高地以南地形平坦，英军防御

039

力量薄弱，蒙哥马利判断隆美尔将集中装甲部队，从上述两高地以南实施主要突击，然后由南向北攻占这两个高地或者向东迂回，绕过阿拉姆·哈法高地，打击英军侧后，向开罗方向发展进攻。

根据上述判断，蒙哥马利决心依托有利地形和阵地组织反坦克火器构成的多面夹击的火力网，以对付隆美尔的集群坦克突击。

据此，他部署：

英军第七装甲师在阿拉姆·哈法高地南侧占领有利地形，组织防御，阻止敌向东迂回。当敌北上攻击阿拉姆·哈法高地时，

丘吉尔（中）和蒙哥马利（右）

第二次世界大战主要悍将

则集中力量从侧后袭击敌人的坦克和战车；步兵第四十四师固守阿拉姆·哈法高地并集中反坦克火器沿该高地西侧进行配置，形成一道火力密集的反坦克阵地；第十装甲师和第二十二装甲旅的坦克，主要配置在上述反坦克阵地前沿后的工事内，以协同第一线的步兵和反坦克炮兵，打击进攻的敌装甲部队，并视情况需要向阿拉姆·哈法高地西侧地区机动，以截击经该地区北犯的敌人；航空兵待敌进入英军预设战场后，集中力量袭击敌人，并破坏其后勤补给。如敌人采取迂回行动，直接向开罗方向发动进攻，则集中英军装甲部队，猛击敌侧后。

果然不出蒙哥马利所料。

1942年8月27日，隆美尔召集装甲师指挥员到他的司令部开会，并决定把总攻的时间定在8月30日。如果燃料供应短缺，那么隆美尔最大的希望是摧毁英军在阿拉曼防线上的兵力。

8月30日，德军装甲师开始在夜间沿沙漠小道运动，直接向阿拉曼战线的南端前进，隆美尔决定在那里突破英军防线。他们向沙漠推进了大约20千米，并在那里设下了前线指挥部。

晚上22时，隆美尔的装甲部队开始朝英军布设的地雷区推进。

8月31日凌晨，隆美尔的活动指挥部紧跟着他的军团搬到了克拉克山，他认为英军在这一地区布雷防御不会很强，然而他错了。他的士兵闯入了密集的布雷区。

凌晨2时40分，整个阵地被英军照明弹照得通明，配有重机枪、大炮和迫击炮的英军步兵扼守着这块布雷区。英军同时开始空中打击。德军装甲部队被死死挤在布雷阵内，成为飞机轰炸的目标，卡车、运兵车和坦克被英军炮火击中，燃起熊熊大火。

在战斗中，指挥第二十一师的俾斯麦将军被地雷炸死，非洲军团指挥官涅林将军被炸成重伤。

隆美尔是在8月31日早上赶到战场时才获悉这一消息的，他极为震惊。他继续错误地判断战局，不是后撤，而是继续实施强有力的进攻。并且，他不是按原计划向东推进20千米，到达他左侧那座令人生畏的哈法山脊。

隆美尔修改作战进攻路线是蒙哥马利求之不得的。蒙哥马利决定彻底打破"沙漠之狐"不可战胜的神话。

下午16时30分，隆美尔的部队进展顺利，接着开始向北推进。这条路把他们带进了一片松软的沙漠。

18时，一切不得不停顿下来。这时，他们已经面对着哈法山峪最占优势的132高地。天放晴时，集结在山脊上的英军坦克和火炮立即开火。这是一场空前的两军厮杀。整整一天一夜，一刻也没有停息。

9月2日拂晓，隆美尔驱车前往战场时看到，在这片狭窄的地段上，到处布满坦克的残骸。

8时25分，隆美尔命令装甲军团撤回到8月30日出发时的阵地。此时，德军方面伤亡并不严重，536人死亡，38辆坦克被炸毁；但英军牢牢站稳了脚跟，处于防御地位。

虽然损失了68架飞机、7辆坦克和更多的伤亡人数，然而英军是可以进行补充的，可隆美尔却办不到。

9月4日，隆美尔撤回到自己先前的司令部。

为切断隆美尔的"输血管"，断绝他与海上的联系，英军发动了一次规模空前的空中和海上战役。

海上战役卓有成效，在秋季的四个月里汽油损失达66％，船只损失达20万吨以上，这对隆美尔的军队来说是一个沉重的打击。他们已陷于极端困窘的境地。

而此时，希特勒正忙于攻打斯大林格勒，根本顾不上支援北非。隆美尔本人也感到非常疲惫、苦恼。

9月中旬，隆美尔决定回国休养。

16日，接替隆美尔的格奥尔格·施登姆将军来到了前线。他个头高大，

042

脾气很好，而且还是一位坦克专家。隆美尔向他详细介绍了情况，把阿拉曼战线必须继续加紧工作的最强硬的命令交给了施登姆。

隆美尔认为，英军很可能会从正面插入，而且英军的主攻目标将是德军布雷区战线。德军所有布雷区均无人把守，但却布下了成千上万的地雷和陷阱。在布雷区的后面是步兵防御阵地，后面有大型的反坦克炮，防御阵地后方作为机动后备力量的是装甲和摩托化师。

这些主要的防御地带便是隆美尔著名的"魔鬼的乐园"。大多数地雷的威力足以炸断坦克的履带或摧毁一辆卡车。在蒙哥马利发起进攻以前，德军埋设了近25万枚反坦克地雷和14000枚杀伤地雷，加上南线布雷区，德意军防线上一共有44.5万枚地雷。

隆美尔的作战计划是使英军的进攻陷入他的布雷区，然后再从战线的两端发起反攻，使蒙哥马利的精锐部队落入他的圈套。

他向施登姆保证说："一旦战斗开始，我将放弃治疗，返回非洲。"

为了彻底打败隆美尔，蒙哥马利精心策划了代号为"轻盈"的反攻计划。这个计划的主要战术构想是：在阿拉曼南面佯攻，在北面则实施真正的进攻。主力沿西迪向哈迷德方向实施主要突击，将德意联军沿海集团压缩至沿海一带，尔后予以歼灭。

蒙哥马利认为，实现这一个企图的关键在于，能否成功地进行战役伪装，对敌人进行示形欺骗，使隆美尔摸不清第八集团军发起进攻的时间和地点，达成战役进攻的突然性。

蒙哥马利计划分三路出击，主攻位置在北面，目标是德军一条配置四个师的防线，由第三十军担任主攻任务，其目的是要冲破德军防御，打通两条走廊。这样第十军的装甲群就能开过走廊投入战斗，让坦克在一片开阔地带上占据阵地。

南面，第十三军将兵分两路冲出。第十三军和第三十军一旦冲进对方防御阵地，就将干净利落地消灭那里的敌人。第十三军的主要任务是诱使隆美尔相信英军主攻方面在南面，从而在那里保持强大的装甲部队。

043

在北面地段除了发起正面主攻外，蒙哥马利还打算先歼灭对方的非装甲部队，同时将其装甲部队与之隔开，阻止他们前往接应。

为了消灭德军的步兵师，蒙哥马利决定在战斗开始时实行强行突破，采用一种他称之为"粉碎性程序"的打法。

开始是从空中和地面发起大规模轰炸和炮击，袭击对方炮兵阵地，继而打击步兵阵地。然后，由第八集团军发起冲锋。

蒙哥马利要他的部下们记住：必须紧紧抓住敌人的一切弱点，绝不能给敌人任何喘息的机会。

蒙哥马利认为，一个月盈之夜对他的攻击计划是十分重要的。这样，他的部下就能利用月光排除成千枚地雷，并在敌人防线上打开一个缺口。

因此，他选定在10月23日夜晚打响阿拉曼战役。

交战的准备是按计划开始进行的。首先，蒙哥马利派人破坏了德国的情报机构，并破获了隆美尔的全部情报，掌握了他的电报密码。这样，蒙哥马利就能采取相应的防御措施来对付隆美尔的第一次进攻。

其次，为确保德军相信英军的战术欺骗，蒙哥马利专门组织了一支用来进行示形欺骗的部队，它被称为A部队，由克拉克上校和怀尔德上校负责组织指挥。

A部队的成员可以说是个大杂烩，他们中有商业银行家、药剂师、音乐厅的魔术师、电影脚本作者、艺术家、情报人员和大学讲师。虽然是这样一支杂牌军，A部队却有着惊人的伪装能力，他们可以制造一个根本不存在的陆军师或方面军。不过，A部队此次的任务是十分艰巨的，欺骗活动需要南、北同时进行，而且在南线要暴露进攻的态势，给隆美尔造成是一个辅助攻击方向的错觉。

再次，A部队必须在北线把蒙哥马利的庞大队伍伪装起来。这支部队共有1000辆坦克、1000门大炮、81个步兵营，还有几千辆军车和数万吨战争物资。他们利用夜间把战争物资运进进攻出发地域，然后分在若干组，用网子盖上后，远远望去就像是10吨大卡车；把牵引车和大炮倒开再盖上伪装网就

变成了3吨卡车，而敌人对这种卡车的集结是习以为常的，当敌人在南线觉察到大部队的集结时，他们就自然得出结论：北线这些车辆的集结只不过是前线步兵的军需品。

与此同时，南线的欺骗活动也在加紧进行。A部队制作了大量的模拟坦克、火炮和军用物资，以供德意军队的侦察部门进行侦察、拍照。A部队除了模拟集团军的集结外，为了在进攻的时间上进一步造成德意军队的错觉，在南线铺设一条长达30千米的模拟输油管、修筑一条与输油管平行的模拟铁路，并在沿途建立了供水站。

在工程进度方面，有意显示出完成输油管道和铁路的铺设时间在11月上旬，使隆美尔判断英军将在11月份发动进攻。

鉴于隆美尔防御工事的性质，蒙哥马利对部队进行了最严格的训练，尤其是扫雷训练。同时，英军还制作了一些机械工具来帮助地雷工兵执行这项危险的任务。

在即将进行的战斗中，英国占据着巨大的物力人力优势，但仍面临一个非常艰巨的任务——蒙哥马利必须突破隆美尔的"魔鬼的乐园"。即使德军铺设的44.5万枚地雷只有3％的杀伤性，英军也要付出相当大的代价，因为没有布雷区的准确情报，所以只有用士兵的血肉之躯去尝试，去扫除。

大势已趋
决然指挥军队撤退

阿拉曼战役定于1942年10月发动攻击。

此时，隆美尔正坐在客厅宽大的沙发上喝着咖啡。但他没有忘记随时翻看着施登姆将军从埃及送来的信件。

因为染病，他不得不把指挥权交给施登姆将军，回国休养。他已离开埃及前线近一个月了。这里没有枪炮的轰鸣，没有令人讨厌的苍蝇、蚊子。

白天，妻子露西陪着他去森林里散步，到河边垂钓；晚上，全家聚在客厅里倾听他那迷人的有关埃及战斗的描述，这是他一生中最幸福的时光。他的病在渐渐地好转。

露西轻轻地走到了他的旁边。

隆美尔喝了口咖啡，指着信件微笑着说："你看，施登姆将军在信中说，目前埃及前线很平静。这样我就可再多待几天，不用急于返回非洲去。"

露西在他的旁边坐下，把头依偎在他的胸前，轻声地说："埃尔温，我真不愿你再上前线了，那个沙漠太神秘，可怕了。你去了，我真怕有一天你会永远回不来。"

隆美尔紧紧地搂着妻子，动情地说："不会的，亲爱的。我一定会回来的，等到战争结束了，我就退休，在这里安然地度过我们的晚年。亲爱的，我太对不起你了，请原谅。"

"叮铃铃……"一旁的电话急促地响了起来。

隆美尔轻轻地推开妻子，拿起了话筒。

里面传来了一个紧张的声音："是元帅吗？我是您的副官伯尔恩德中尉，我现在在罗马。昨天夜里，蒙哥马利向我们发起了大规模的进攻，施登姆将军下落不明。"

"什么？"隆美尔惊呆了，拿电话的手有点发抖。他镇静了一下，问道："你是从哪里得来的消息？"

"意军总参谋部。"

隆美尔沉思片刻后，果断地说："伯尔恩德，你先别回德国，在罗马听我指示。"

隆美尔接通了德国最高统帅部的电话。几乎与此同时，最高统帅部也给他打来了电话，是希特勒亲自打来的。

希特勒用他特有的沙哑声音说："隆美尔元帅，英军在北非向我们进攻了。施登姆已经失踪，在北非，我军已处于无指挥的混乱状态。"

"我的元首，我请求立即飞赴阿拉曼前线。"隆美尔毫不犹豫地说。

希特勒关切地问道："你的身体怎么样？能支撑得住吗？"

"不要紧，我的元首。"隆美尔语气坚决地说。

"那么你先到维也纳的利诺伊施塔别墅待命，"希特勒接着又说，"我

隆美尔（右）与妻子（左）、儿子（中）在一起

要弄清楚，那里是否迫切地需要你。"

隆美尔放下话筒，走到妻子前，拥吻着她，内疚地说："亲爱的，真对不起，我会很快回来的。"

"愿上帝保佑你平安。"露西抽泣着说。

不一会儿，隆美尔乘上汽车，向机场急驰而去。

隆美尔在机场焦急地等待着希特勒的命令。

此时，希特勒正在犹豫不决，与其在隆美尔身体未痊愈之前过早地将其匆匆派回非洲，不如留住他，日后用于俄国战场，这样对德国岂不更好？

但是，希特勒还是下了决心，非洲战场现在毕竟也是一个重要部分，不能在那里失败。他拿起话筒，告诉隆美尔："埃尔温，蒙哥马利的总攻已迫在眉睫。只有你才能对付得了他。现在，我命令你立刻赶回非洲，重握指挥权。"

"决不辜负元首的期望。"隆美尔说罢，放下话筒，径直朝跑道上早已准备好的"亨克尔"飞机走去。

7时50分，"亨克尔"飞机载着隆美尔起飞了。10时，飞机抵达罗马，德国驻罗马武官冯·林特伦已在机场等候多时。

"前线状况如何？"隆美尔一下飞机，劈头就问。

"形势很严峻，英军已突破我军防线，正在向纵深推进，我军将士正在进行殊死奋战。现在最关键的是给养供应不上，士兵们是在饿着肚子跟英军作战。我们的装甲军团剩下的汽油只够三天的战斗消耗。运输船只仍然无法通过地中海。"

隆美尔脸色剧变，他瞪着林特伦，咆哮着说："我在非洲时，部队的汽油还够八天，现在至少也得有30天的汽油才行。"

林特伦咳嗽了一下，抱歉地说："元帅阁下，您知道几天前我才休假回来。在我休假期间，后勤补给工作没有受到足够的重视。"

隆美尔对林特伦说："林特伦将军，我要求你立即与意大利最高统帅部联系，让他们马上采取措施，不惜动用飞机和潜艇向非洲军团运送物资。"

10月25日14时45分，隆美尔飞到了克里特岛。

德国空军第十军军长冯·瓦尔道将军已在跑道上等候。隆美尔下了飞机后，瓦尔道向他报告了阿拉曼战线的最新情况。

"施登姆将军有消息吗？"隆美尔急切地问道。

"他已经阵亡。"瓦尔道将军心情沉重地回答说，"根据前线的报告说，英军发起攻击后，由于情况不明，施登姆将军决定亲自到前沿进行侦察。他是想到预备阵地上的第九十轻装甲师那里去，但结果他走偏了道路，来到了最前线。

"对面澳大利亚师的士兵发现了他的汽车，于是立即开枪扫射，子弹像雨点般射来，他的副官当场阵亡，司机急忙掉转车头，企图躲过射击，由于转弯时太急，施登姆将军被甩出了车外，挂在车门上。

"汽车全速往回开，施登姆将军本来患有高血压，这时，心脏病又发作了，从汽车上摔了下去。那个混蛋司机却未发觉，只顾开车逃命，到了安全地带，才发现施登姆将军已不见了，返回去找到他时，他已气绝身亡。"

隆美尔听完瓦尔道的叙述后，轻轻地叹了口气，转身向飞机走去。

瓦尔道急忙上前拦住他："元帅阁下，您是否立即出发？"

"对！"

"我不能允许您大白天乘坐'亨克尔'，这在地中海上空太危险了。我向您提供一架'多尼尔'高速轰炸机，这样您能够安全地回到埃及前线。"

"谢谢！"隆美尔满意地说。

傍晚时分，"多尼尔"轰炸机在飞沙走石的埃及卡沙巴机场安然着陆。在那里，隆美尔的专机"斯托奇"已经等了好一会儿。他坐上"斯托奇"继续向东飞行，天黑时才着陆，换乘吉普车沿海岸公路向前急驰。

他终于又回到了他的装甲军团司令部，又见到了那些熟悉的面孔，见到了那遍布石头的荒凉沙漠和令人窒息的热浪，以及无所不在的苍蝇、蝎子，还有那些营养不良但却勇敢的士兵。

1942年10月25日夜间23时25分，隆美尔向全体官兵发出了告示：

我又回到了非洲。

这时，英军已向德军的纵深地带发展，阿拉曼大厮杀已经进行了48小时。

凌晨1时，非洲军团指挥官冯·托马将军和代理参谋长威斯特法尔上校向他汇报了48小时的战场状况。

"为什么在开始时不用炮火还击？"隆美尔生气地质问他们。

冯·托马将军连忙解释说："元帅阁下，施登姆将军下令严禁进行炮击，以免浪费炮弹。"

"胡说！"隆美尔不禁大怒，"在敌人兵力集结，刚刚发起冲锋时，就应用大炮砸烂他们。那时候不用，留着现在又有何用？"他知道，由于施登姆将军犯了这一错误，才使英军集中起兵力，以排山倒海之势压过雷区，突破德军前沿阵地。

26日至27日，隆美尔亲临前线指挥。他根据经验已经判断出蒙哥马利的意图。不过他也知道已无法集中起力量，对英军进行反击。德军不仅力量处于劣势，而且前景不妙，因为刚才意大利统帅部已来电告知他，意大利向隆美尔运送汽油的"普罗塞比娜"号在海上被英军击沉，没有汽油，德军必将寸步难行。

但"沙漠之狐"不甘心失败，他要作最后挣扎。

1942年10月28日早上8时50分，隆美尔向非洲军团全体官兵发出了一道命令：

非洲军团的官兵们，我们现在正在经历着一场生死存亡的搏斗，这场搏斗的胜利与否，关系到祖国的名誉和元首的战略。

你们必须绝对服从命令，每一个人都必须战斗到底，凡临阵脱逃或违抗命令者，无论职务高低，一律军法处置。

这是隆美尔到非洲以来下的最为严厉的命令。他让指挥官们用电话通知下去，不要留下任何字迹。在他看来，这是命令士兵们去自杀的做法，是他心里不愿意做的事。

下完命令后，他迅速调整了德军的防守战略，一度沉寂的德军大炮再次疯狂地向英军阵地轰击。第八集团军的进攻势头渐渐减弱了。

英军尽管突破了德军的前沿阵地，但也是付出了高昂的代价。蒙哥马利的步兵师本来就少，此时，他手中已没有步兵预备队了。坦克和车辆也所剩无几。

他决定改变计划，实施大面积的机动，并通过重新部署部队来建立一支强大的预备队，以实施猛烈的最后打击。

他下令第一装甲师撤出战斗，重新编组。第三十军也暂时退出战场，将这次战役打响后尚未参加过激烈战斗的南非师和第四印度师从侧翼调到右边，替下精锐部队新西兰师，让他们做一次短暂的休整。

蒙哥马利将几个师撤出战斗的做法引起了伦敦的惊慌，丘吉尔疑惑不解，连忙召开了参谋长委员会会议。会上，布鲁克不得不为蒙哥马利辩护，尽管这位帝国总参谋长在会上说得头头是道，但他内心也有怀疑。

他后来写道：

返回我的办公室后，我在房间里踱来踱去，被一种绝望的孤独感折磨着。

同一天的上午，英军中东战区司令官亚历山大将军、英国驻开罗国务大臣凯西和亚历山大的参谋长麦克里一齐来到了蒙哥马利的战斗指挥所。

蒙哥马利向他们作了令人信服的解释。

"要不要发一封电报给首相，让他在思想上有所准备？"凯西问道。

蒙哥马利回答说："如果你发那样的电报，那你就一定会被撵出政治舞

台。"

　　蒙哥马利继续调兵遣将。10月31日，他做好了阿拉曼战役总攻的准备。

　　漆黑的沙漠上，隆美尔正在徘徊踟蹰着。战役开始以来，德军损失惨重，已无法再正面对英军实施攻击，他已将手中最精锐的部队第九十轻装甲师的第一五五战斗群也投入了北面作战地段。至此，他手中已无任何预备队了。他停下脚步，仰望着茫茫的夜空。英军的飞机一架接一架地飞临德军阵地，投下了成吨的炸弹，到处是燃烧的坦克和大炮。

　　隆美尔很清楚自己所面临的不利战局。如果他的部队坚守在原地，一旦英军突破防线，就会形成包抄的态势，德军必将彻底覆灭。因为他根本不可能迅速地将辎重装备和大批非机械化的意大利步兵撤到新的防线。

　　隆美尔不得不酝酿撤退到新防线的计划，因为阿拉曼战线北段已经被英军突破。

◆ 英军轰炸机开始轰炸

29日下午16时，隆美尔命令所有非作战部队撤到梅尔沙·马特鲁地区，组成新的防线悄悄地开始了全线大撤退。隆美尔决定将部队后撤到富卡，以免被英国全歼。他在给妻子的信中写道：

仗打得异常艰苦，战事对我们越来越不利。晚上，我睁开眼睛躺着，绞尽脑汁为我这支不幸的部队寻找摆脱困境的办法。死去的人们是幸运的，对他们来说一切都已经了结。

1942年11月1日至2日夜间，英军在蒙哥马利的指挥下，又发起一轮更大的进攻。1日夜间22时左右，200门大炮同时向隆美尔防线的一段狭窄地带齐射猛轰，构成一条密集的火力网，重型轰炸机如潮水般向该地区和后方目标猛烈轰炸。

2日5时，隆美尔驱车赶到北部战线前沿，了解战事进展情况。他获悉，凌晨1时，英军的第二新西兰师坦克群和步兵在1000米宽的德意防线上突破了28号高地西面的防御工事，第一装甲师和第九装甲师此时正长驱直入，通过布雷区，企图打开一条通道，向阿拉曼挺进。

拂晓，英军成百辆坦克排成纵队冲向突破口，有二十多辆坦克已突破防线。上午11时，英军坦克群突破28号高地西南地段。隆美尔迅速调集全部残存的坦克，对英军侧翼实施反击。但因缺乏空中掩护，在英空军的袭击下，德军损失惨重，大部分坦克被炸毁，有生力量只剩下三分之一，反击遂告失败。

隆美尔曾亲自在一座山巅上观察这场坦克大战。使德军惊恐的是，英军主力坦克部队使用了数百辆从未见过的美利薛尔门式坦克。这种坦克远比德军的四型坦克厉害。它可以在1000米的距离外开火，而口径88毫米的德国高射炮几乎连它的装甲都无法穿透。

下午15时30分，隆美尔决定当天晚上就开始从前线撤兵。接着，托马打来电话说："明天能够作战的坦克只有30辆，至多不会超过35辆，而且后备

队已全部出动。"

只有35辆坦克了！看来非撤不可了。隆美尔对托马说："我的计划是要全军边打边撤，退到西线。步兵今晚开始行动。非洲军的任务是坚守到明天早晨，然后撤出战斗。但是尽量牵制住敌军，给步兵赢得撤出的机会。"

他放下电话，命令参谋人员立即给希特勒拍发了一份报告：

我的元首：

虽然我军在今天的防御战中获胜，但面对占绝对优势的英空军和地面部队，经过十天的艰苦鏖战，全体将士已筋疲力尽。预计强大的敌军坦克群可能于今晚或明日将再次突破防线，我军部队确实已鞠躬尽瘁。

目前，我军的机械化部队正在浴血奋战，然预料仅有一部分兵员能摆脱敌军纠缠。尽管我军部队进行了英勇顽强的抵抗，显示了大无畏的牺牲精神，但鉴于此种形势，全军覆没的危险依然不可避免。

陆军元帅隆美尔

全线溃退已成定势，孤傲自负的隆美尔不得不下达了撤退命令。

一路败北
无力组织有效防御

此时已是午夜时分，希特勒也还没有休息。他眉头紧锁，在"狼穴"房间里沿着对角线在踱来踱去，这是希特勒的一个习惯。

与隆美尔失去联系已整整一天多了。非洲局势不明，希特勒急得像热锅上的蚂蚁。

希特勒拿起了话筒："给我接约德尔。"

电话里传来了约德尔的声音："我的元首，您找我有什么事吗？"

希特勒问道："隆美尔还没有消息吗？"

约德尔回答："还没有。"

希特勒心有不快地指示道："你立即向驻罗马的林特伦了解情况。"

两个小时后，希特勒终于得到了有关隆美尔的消息："隆美尔的最后报告已送抵罗马，正在翻译，随后电告我们。"

第二天，即1942年11月3日，早晨8时30分，凯特尔快步冲进希特勒的地下避弹室，要求面见元首。他气急败坏地把隆美尔夜间的报告交给了希特勒。

"我的元首，隆美尔的部队已于昨晚开始撤退。"凯特尔焦虑地说。

"什么？"这句话给了希特勒当头一棒，他拿起电文快速地看了一遍后说道，"隆美尔在上面没有说撤退一事啊！"

"他在报告结束时闪烁其词，隐瞒了他事实上已经开始撤退的真相。凯瑟林元帅已发来了详细报告，证实隆美尔准备撤至梅尔沙·马特鲁防线。"

"为什么不叫醒我？"希特勒厉声地责问道。

"是这样的，"凯特尔解释说，"值夜班的军官未看出隆美尔这封电报的真正意图，把它作为日常公文处理了。"

几分钟后，希特勒又收到了隆美尔早上发来的电报：

我的元首：

英勇的步兵战士正在按计划撤退。

隆美尔

希特勒紧紧地揪住自己的头发。非洲战场的撤退给了他沉重的打击。苏德战场，德军已经处境不妙，本指望能在非洲打败盟军，替第三帝国挽回点面子，但现在连他最得意的将军隆美尔都开始溃败，这是他无法忍受的。

他把怒气全发泄到了值班军官约德尔的副官瓦尔特·瓦尔利蒙将军身上。他歇斯底里地叫嚷道："笨蛋，在这关键时刻，隆美尔求救于我，求救于祖国，我们应给他鼓励，给他支持。要是把我喊醒，我一定全力支持他，命令他坚守阵地。可是当隆美尔向我呼救时，我们的瓦尔利蒙先生却在呼呼大睡。"

希特勒骂完后，立即向隆美尔发出了一封电报，这是第二次世界大战中闻名遐迩的电文之一：

尊敬的隆美尔元帅：

我和全体德国人民，怀着对你的领导能力和在你领导下的德、意部队的英勇精神的坚定信念，注视着你们在埃及进行的英勇防御战。

鉴于你现在所处的形势，毋庸置疑，只有坚守阵地，决不后退一步，把每一条步枪和每一名士兵都投入战斗，除此别无出路。意志的力量能够战胜强大的敌人，这在历史上已屡见不鲜。

你可向你的部下指明，不胜利，毋宁死，别无其他道路。

056

希特勒蜡像

阿道夫·希特勒

黄色的沙漠上，数不清的车辆和坦克在往后撤退。

隆美尔躺在指挥车上倾听着汽车持续不断的轰鸣声和炸弹的爆炸声。他的脸色蜡黄，眼圈上罩着一片黑晕。回到北非仅仅一个星期，他一下衰老了许多。

战斗对德军大为不利，意大利利特里奥师已无法控制，人人都在仓皇逃窜，德里雅斯特机械化师也已溃不成军。整个非洲军团只剩下不到30辆的坦克了。

唯一的办法就是加快撤退速度，越快越好。

下午13时30分，一名参谋人员钻进了他的指挥车，把一纸电文递给隆美尔，希特勒那个著名的电报到了。

电报的结尾是：

你可向你的部下指明，不胜利，毋宁死，别无其他道路。

隆美尔读着电文，心乱如麻。他明白，尽管现在德军形势不妙，但只要保存力量，将部队撤至马特鲁港，利用有利地形，同英军展开对峙，他还有东山再起的希望。

而现在希特勒却明令禁止他撤退，这无疑等于自杀。

"我该怎么办？"隆美尔一遍遍地问着自己。

隆美尔曾起草了一份回电：

我的元首：

　　我永远遵从您的命令。但在盲目服从和责任感之间我无所适从。

但这份回电最终没有发出。

他认为，自己作为希特勒的爱将，必须遵从命令。

隆美尔拿起了电话筒："托马将军，听着，元首来电，命令我们竭尽全力坚守，'不胜利，毋宁死，别无其他道路'。"

托马回答："元帅阁下，全面撤退才是唯一的明智抉择。"

"不行，"隆美尔粗暴地打断了他的话，"你要不遗余力地战斗下去，把这项命令贯彻到士兵中去。部队必须坚持到最后的一兵一卒。"

"那么，元帅阁下，我们是否先把坦克撤下，重新编组？"

"不行！不能撤！"隆美尔对着话筒吼叫道，"元首命令我们不能撤退，只能死守到底。"

"是，服从命令。"

接着，隆美尔又命令装甲军队在原地设防，坚决抵抗。

他轻轻地放下话筒，坐在桌子旁，给爱妻写了一封短信：

> 亲爱的露西：
>
> 我不相信，几乎也不再相信我们会以胜利而告终。我们的生死全操在上帝手里，别了，露西，别了，我的孩子……

他把所有积蓄——25000意大利里拉，约合60美元——塞进了信封，请求即将前往维也纳的伯尔恩德中尉一定平安地转交给露西。一并捎去的还有一些秘密文件。

他已做好了必死的准备。

1942年11月4日早晨7时25分，德军南线总司令凯瑟林元帅飞抵隆美尔营地，他是赶来给部队打气的。

隆美尔一见到凯瑟林就报告说："元首的命令已经不遗余力地贯彻下去了。"

"很好，"凯瑟林赞许道，"自然，元首已从俄国战场得到了深刻的教

训，坚守现有的牢固阵地一直是最好的策略。"

"你现在还有多少坦克？"凯瑟林接着关心地问道。

"只剩下22辆了。"隆美尔冷冷地回答。

"真的只剩下22辆了吗？"凯瑟林立刻皱起眉头，额头上渗出汗珠，"看来不能再坚持下去了，对于元首的命令，我一向认为应该灵活掌握。"

隆美尔执拗地回答："不行，军令如山，应坚决执行。"

"但是元首绝不愿意你和你的士兵葬身此地，第三帝国还需要你们。"凯瑟林反驳说。

"要想保住北非军，我看最好的办法就是采取边打边撤的战术，"隆美尔悲伤地说，"但必须要元首对自己的命令作出明确的修正，我才能执行。"

"你立即给元首回电，就说部队伤亡惨重，无法再守住防线了，要想在非洲保存实力，以便日后东山再起，唯一的办法就是边打边撤，"凯瑟林急切地说，"另外，我也将电告元首此事。"

隆美尔果然给希特勒拍了电报。同时，他仍旧一连几个小时地执行着固守的命令。

没多久，意大利的军队已经开始没命地溃逃了。

中午，拜尔莱因跑进地下掩蔽部，上气不接下气地向隆美尔报告："元……元帅阁下，冯·托马将军……出事了。"

隆美尔像弹簧似的跳了起来，急问道："怎么回事？快说！"

"冯·托马将军认为元首发疯了，才下了坚守的命令。他挂上自己所有的勋章，乘坦克朝着战斗最激烈的地方去了。"

拜尔莱因端起杯子，喝了一大口水，接着说，"我得知此事后立刻开车去追他，沿途看到的只是一堆堆燃着熊熊火焰的坦克、尸体和反坦克炮。当我远远地看到他，快要追上他时英军的坦克迎了上来，我清楚地看到托马将军手里拿着一个小小的帆布包。"

1942年11月4日晚，在英军第八集团军司令部里。

　　蒙哥马利与被俘的非洲军团司令冯·托马正在共进晚餐。他们一起谈论着9月间的战斗和正在进行的战事。

　　晚餐方毕，蒙哥马利立刻令人收拾餐桌，然后拿出一幅埃及沙漠地图，摊在桌上，他对冯·托马说："我的部队今晚将接近富凯，你有何想法？你将如何处置，冯·托马将军？"

　　但是，冯·托马只是说："非常严重，确实非常之严重。"

　　同一天晚上，隆美尔不再等待希特勒的命令，断然下了撤退的命令。

　　次日凌晨，希特勒同意撤退的命令才送到隆美尔手中，可是已经太晚了。

　　就这样，隆美尔的70000人部队开始了艰难的撤退，开始了一场2000千米的远征。

　　蒙哥马利终于取得了阿拉曼战役的胜利。这是一个辉煌的胜利，它是非洲战场的转折点，也是整个第二次世界大战的大转折点之一，从此，英军开始进入了反攻。

　　德国非洲军团灭亡的日子不远了。

　　北非这个地方既是隆美尔的发迹地，也是他的伤心地。然而他的伤心之时却是全世界人民的大喜之日，因为魔鬼法西斯的丧钟已敲响了。

无视命令

最终撤出的黎波里

　　隆美尔率军从阿拉曼战役撤下来，一路向西。在沙漠的公路上，燃烧的车辆喷着烈火，焰光冲天。

　　1942年11月5日凌晨，隆美尔本人到达富凯并在那里建立了司令部，非洲军团的大部分部队、第九十轻装甲师和若干意大利摩托化部队也到达了。

　　隆美尔原打算在富凯停留一段时间，以便让正在行军的步兵摆脱困境，但他很快就认识到停留是没有希望的。当天夜里，他下令机动部队向马特鲁港撤退，不再理睬意大利步兵师了。

　　11月7日，隆美尔又放弃了马特鲁港，向布雷加一线撤离。

　　蒙哥马利试图从两翼迂回包抄隆美尔，可每一次英军到达时，德军总是快一步，溜走了。另外，他一直小心翼翼，不愿让部队快速追击，以免中了隆美尔的埋伏。

　　其实，蒙哥马利完全没有必要担心，因为此时德军主要部队仅剩下大约4000人，仅有11辆坦克、少量野战炮和反坦克炮，他们是无法对英军实施反击的。

　　11月8日，当隆美尔刚摆脱英军追击喘了口气时，传来了盟军在卡萨布兰卡、奥兰和阿尔及尔登陆的消息。

　　隆美尔听到这个消息后，绝望地喊了声"完了"。蒙哥马利的英军让他疲于逃命，他原指望向西撤退，能在那里站稳脚跟，伺机反扑。

　　而现在，艾森豪威尔的部队已在他背后登陆，对他实施夹击，他感到已无任何立足点了，最好的选择就是撤出非洲。

他写了一封信给希特勒，告诉他，非洲军团已无法守住昔兰尼加，请元首立即派潜艇、小船、飞机在夜里尽量把这一批身经百战的德军士兵运回欧洲，投入其他战场。

但是希特勒没有答应，他不想放弃北非。英美军队在北非登陆完全出乎他的意料之外，在登陆的前一天，情报官告诉他有一支英军船队驶入地中海，当时他认为这支船队是往马耳他岛去的，因而并不在意。盟军登陆后的第二天，他决定全面占领法国，并在突尼斯建立一个桥头堡。

11日早晨，德军和意军开进了法国的"自由区"，维希政府垮台。与此同时，大批德意军队来到突尼斯，组成了第五装甲军团，由阿尼姆将军指挥，企图制止美英军的前进，守住非洲的最后一个堡垒。

希特勒不想撤出非洲，隆美尔也不想再说了。他在希特勒身边干过一阵子，了解他的脾气，他决定了的事，别人再说也无用。因此，隆美尔继续按计划向西撤退。

1942年11月23日，隆美尔率领他的装甲军团，撤到了布雷加一线，这里离阿拉曼已经有800千米了。

到达布雷加后，隆美尔对该地区随即进行了视察，这条防线长达100千米，是阿拉曼战线的一倍半。他一没有汽油，二没有机械化部队可以抵挡蒙哥马利对他的迂回包抄。在阿拉曼战场，他有50万枚地雷，而现在，仅有32000枚。部队已丧失了许多重型武器和反坦克炮。要想守住这条防线，只是一种幻想。

于是，隆美尔请求继续后撤，但却遭到了墨索里尼和希特勒的拒绝，他们要他坚守住布雷加，顶住英军的进攻。

11月24日，隆美尔、凯瑟林、卡瓦利诺和巴斯蒂柯四位陆军元帅召开了一个长达三个小时的会议。

在会上，除了隆美尔，其余三人都认为要坚守下去，这使隆美尔大为恼火。

他大声说道："死守布雷加根本没有任何意义，既然元首要我坚守，再

争论其他的选择也是徒劳无益，不过，我要提醒诸位，我手中只有35辆坦克和57门反坦克炮，而蒙哥马利手中却有420辆坦克和300辆装甲车。一旦布雷加失守，在的黎波里作任何抵抗都徒劳无益。"

凯瑟林连忙捧场："我们十分钦佩您从阿拉曼的撤退，在一条800千米长的路上拉回一支庞大的部队，敌人毫无办法挡住你，这在战争史上是空前的。"

隆美尔不耐烦地回答说："假如一两天里敌人在这条防线上缠住我军，然后以强大的兵力迂回夹击，我们该怎么办？"

他的话一出，三位元帅顿时哑口无言，他们也实在想不出好的对策来了。

11月26日，巴斯蒂柯又电告隆美尔，墨索里尼正期盼着隆美尔能指挥装甲军团向英军的先头部队发起进攻。他在电文中还告诉隆美尔，没有他和巴斯蒂柯的直接允许，隆美尔无论如何不许再往后撤。

隆美尔气急败坏地把电报一扔，然后转身简短地命令纳瓦里尼和缨勒上校，做好撤至布厄艾特的准备。

他下完命令后，叫上副官，向"亨克尔"飞机走去。他要到"狼穴"去面见希特勒，向希特勒面叙撤退的原因，他坚信，元首是理解他的。

当天下午，隆美尔来到了

东普鲁士大本营。

当他走下飞机时，凯特尔和约德尔两位元帅已在机场等他。他们不高兴地问隆美尔找希特勒干什么。

隆美尔没有理睬他们，只是说了声"有关北非之事"，就坐上汽车径直向"狼穴"驶去。

17时多，隆美尔走进了元首大本营的会议室。

希特勒一见他，劈头就说："没有我的允许，你怎敢擅离职守！"隆美尔惊讶地望着希特勒。

此刻气氛极为紧张，连空气都几乎凝固了。隆美尔没有明白希特勒最近心情很不好，不仅仅是因为北非战场问题，在东线战场，第六集团军在斯大

燃烧的坦克（油画）

林格勒已成了瓮中之鳖，在别的战线，也出现了一连串棘手的问题。隆美尔这位不速之客的来临自然引起了元首的不满。

隆美尔开始向希特勒作汇报。当隆美尔汇报到自己的军队所处的困境和新防线的不利时，希特勒不耐烦地打断了他。

"你手头还有多少人？"他问。

"大约六七万。"隆美尔回答说。

"英军进攻时，你有多少人？"

"83000人。"

"看起来，"希特勒指出，"你并没有遭到什么损失。"

隆美尔回答说："可是我们的武器几乎都丧失了，成千上万的士兵甚至连支步枪都没有。"

希特勒扯开嗓门叫道："那是因为他们把枪都扔掉了。"

隆美尔也大声嚷嚷："非洲已无法固守，唯一能做的事就是尽快地把德军撤出非洲。"

再次提出撤退，就如火花飞进了火药桶。

希特勒勃然大怒："你提出的建议和我的那些将军们去年冬天所干的完全一样。他们要求退到德国边境，我拒绝这样干，事实证明我做对了。我不允许这样的戏在非洲重演。我们必须在北非保留一个大的桥头堡，因为它有着十分重要的政治原因。假如我们丢掉了北非，意大利就会产生极其严重的反响。因此以后别再提放弃的黎波里了。你的部队会得到足够的武器，使你能够把每一个士兵都投入前线。你必须把后勤部队削减到绝对的少数。凯瑟林的空军将竭尽全力护送给养到队伍。"

晚上，隆美尔带着希特勒向他提供更多援助的许诺，坐上了帝国元帅戈林的豪华专列，隆隆地驶向罗马。

在罗马，经过激烈争论，墨索里尼终于稍稍改变了初衷，决定只有在隆美尔确信蒙哥马利即将进攻布雷加的情况下，才允许他撤到的黎波里以东200千米的布厄艾特一线。这一指令实际上等于允许隆美尔可以自由撤出布雷

066

加。

1942年12月2日，隆美尔飞回到了利比亚。

不等蒙哥马利发起进攻，12月6日夜，埃尼·纳瓦里尼将军的意大利步兵先头部队就开始撤出布雷加一线。隆美尔命令每辆汽车前面必须有一人步行，在夜色中引路。在必要时，可用步枪击灭车灯。但是不一会儿，非洲军司令部打电话告诉隆美尔，意军的先头部队大开着车灯，飞快地向西驶去了。

整整一夜，意大利的部队乘坐数百辆军车行驶在通向布厄艾特的沙漠公路上，待到天亮时，路上已空无一人。

对于非洲军团的撤退，英军毫无察觉。

9日夜间，意大利最后一支部队比斯托伊亚步兵师一部也平安无事地撤离了布雷加防线。

12月10日半夜，蒙哥马利的炮火向布雷加防线进行了猛烈的轰击。然而，那一带空空荡荡，"沙漠之狐"再次逃脱了。蒙哥马利又扑空了。

在匆匆忙忙的大撤退中，汽车、坦克、装甲车争先恐后地向西奔驰，生怕英军的轰炸机落在自己的头上。

终于，布厄艾特到了。但是隆美尔的主意又改变了。他决定放弃布厄艾特。

隆美尔找到了巴斯蒂柯，坦率地陈述了自己的看法："布厄艾特防线与其他防线一样，南部地带经不住迂回夹击。我们手中现在只有几十门反坦克炮，一半以上的士兵手中仅持有步枪或机枪，地雷、弹药和其他给养物资已到了山穷水尽的地步。因此，我们只能再继续撤退，撤到马里斯那样的高山阵地上进行防御。"

巴斯蒂柯这次同意了隆美尔的看法，就将此事禀报了罗马。

墨索里尼看到非洲军团又要求后撤，顿时火冒三丈，他亲自拍来了电报："我再次重申，抵抗到底。在布厄艾特防线的德意装甲军团的所有部队必须抵抗到底。"

隆美尔已全然不顾，他下令立即撤退。

1943年1月18日，隆美尔的非洲军团比墨索里尼允许的日期提前三个星期到达了霍姆斯防线，这是利比亚首府的黎波里的最后一道防线，但是这条防线由于没有来得及做好防御准备，不宜久留。

隆美尔来到霍姆斯防线后，顾不上休息，就前去察看前沿阵地。他发现在德军的尾部，英军的坦克正在做 Z 字形推进，进展十分缓慢。

就是这一可疑的举动引起了隆美尔的警惕，英军的这些坦克不过是一次牵制性进攻，目的在于将他拖住。英军一定有别的部队在做迂回进攻。

隆美尔下令立即对英军实施大范围的侦察。当天下午14时，德军的侦察飞机带来了消息，他的估计是正确的，在他原先确信坦克不能通行的山地那边，一支拥有1400辆坦克和车辆的大部队正在向西挺进。

下午16时，第十九轻装甲师俘虏了一名英军高级军官，从他身上搜出了一份秘密文件，文件表明，蒙哥马利的战略目标是的黎波里外围30千米海岸公路上的托维尔。显然，英军正在从更远的地方对德军进行战略包围，霍姆斯是守不住了，的黎波里也只得放弃。

墨索里尼坚决不同意放弃的黎波里。这里是意大利统治利比亚的象征，丢掉的黎波里，意味着失去了他们在北非和东非殖民地帝国的最后一部分。这个帝国是他们在半个世纪里以巨大的物质代价，精心建立起来的，他想作最后的挣扎，保住的黎波里。

但是，隆美尔根本不予理睬，他不想冒的黎波里落入英军手中同时又使德军全军覆没的风险。他下令于1943年1月21日黄昏时全部撤出的黎波里。

像以往那样，隆美尔下令对的黎波里实施破坏。这座美丽的城市顷刻间燃起了熊熊大火。

1943年1月25日，隆美尔告别了利比亚，进入了突尼斯。

蒙哥马利的追击总是差半拍，1月23日，当隆美尔的军队已全部撤出的黎波里后，英军的先头部队才开进了这座城市。当天中午，蒙哥马利在的黎波里塔尼亚的意大利副总督处正式受降。

2月3日和4日，丘吉尔和布鲁克亲临第八集团军视察。蒙哥马利为他们举行了阅兵式。参加检阅的有苏格兰师、新西兰师、皇家装甲部队和皇家陆军后勤部队。看到威武雄壮的第八集团军，丘吉尔非常高兴。他要求第八集团军乘胜前进，冲破马雷斯防线，进入突尼斯，彻底消灭德军。

马雷斯防线是法国人在战前防备意大利入侵突尼斯而修筑的一条长达20千米的防御系统。这条防线工事坚固，组织严密。

在临海的一端，陡峭的瓦迪济佐是主要防线正面一道防坦克的坚强屏障；再往南，则是混凝土修筑的炮楼，防坦克战壕和铁丝网。从前线直至马特马塔的山丘为止，没有可能进行迂回运动，除非取道通往特巴戈山和梅拉布山之间那条山峡弯路。

现在，隆美尔退入了突尼斯，依靠马雷斯防线阻住了追击他的蒙哥马利军队。

突尼斯是一个连绵起伏的山乡，草地上百花盛开，井中泉水清清，牧马恬静安闲，兀立着的是棵棵棕榈。

美丽的自然环境，却阻不住战争的侵袭。隆美尔的到来，将会使突尼斯遭受巨大的灾难。

后退千里
固守马雷斯防线

　　隆美尔的一路溃逃，使最高统帅部非常愤怒，他们下令解除了隆美尔的职务。但隆美尔却仍然没有离开非洲，他不愿离开那些朝夕相处的士兵。墨索里尼无可奈何，希特勒则听凭他自己作出决定。就这样，一晃半个多月过去了。

　　在这段时间里，隆美尔过着轻闲的生活，每天外出游览、打猎，他的病情渐渐有了好转，情绪也变得乐观起来。

　　这一天，他正和翻译阿尔布鲁中尉开着车游玩。一辆摩托车从后面急驰而来，超过隆美尔的汽车，"嘎"的一声停了下来。

　　"报告元帅，"梅伦辛从摩托车上跳了下来，兴奋地说道，"今天早上，第二十一装甲师已夺回了弗德山口，现美军第二军正从西面向我们逼来。"他边说边从文件夹中拿出一份情报，递给了隆美尔。

　　"好，"隆美尔兴奋地说，"夺回弗德山口，这就给了德国人冲过山口打击美国人的机会。"

　　美军在北非登陆后，也由西向东进入了突尼斯，准备与蒙哥马利遥相呼应，夹击隆美尔。不过，对于美军，隆美尔根本就没有放在眼里。他认为那些美国兵既无实战经验，也没有受过良好的训练，不是他那些身经百战的非洲军团士兵们的对手。

　　他早就想进攻美军，杀一杀他们的威风。他要向全世界表明，即便经过2000千米的后撤，隆美尔的军队仍然能打败拥有优势装备的艾森豪威尔的美国兵。

　　隆美尔开始忙碌起来。他把主力悄悄地撤离了马雷斯，调到了美军的对面。1943年2月15日，隆美尔的装甲部队突然向美军发起了进攻，一举冲垮了美军的防线。美国人被德国人这次进攻打得晕头转向，狼狈逃窜。

　　2月19日，隆美尔的军队攻到了卡塞林山口下。但美军在重炮的支援下，顽强地坚守住了山口。当天，隆美尔驱车赶到山口下，卡塞林进攻受挫直接干扰了他的全盘计划。

　　一位叫门顿的上校向他报告："美国人仍控制着山口。"

　　"你还站在这里干什么？作为指挥官为何不身先士卒，冲锋在前？"隆美尔生气地说，"上车，跟我往前走。"

　　车子一直驶到前沿阵地，在那里，隆美尔亲自指挥了卡塞林战斗。

　　上午10时，德军动用了新式的奈比尔威费火箭发射装置，这种六管的火箭发射架可以把80磅的火箭炮弹射向4000米远的目标。火箭弹在美军阵地爆炸，引起了美军的极度恐慌，他们扔下阵地，开始逃命。德军占领了山口。

　　不久，美军的50辆装甲车运来了数以百计的部队。他们在30辆重型坦克的支援下，进行反攻。

　　德军的一个装甲营疯狂地冲了上去，一场壮观的坦克大战开始了。

　　坦克与坦克在相撞。一辆接一辆坦克被炮火击中，长长的火舌从坦克的通气孔喷向外面，座舱里的炮弹和机枪子弹开始爆炸，直至看上去整个外壳在膨胀和摇撼为止。熔化了的金属铅似小河熠熠闪光，像眼泪一般从死气沉沉的发动机向外流淌，在沙漠的沙子上凝结成坚硬无比的金属镜子。

　　紧接着，橡胶和油类也起了火，犹如丧葬的烟柱从恐怖的燃烧物里螺旋升起。在烧成残骸的坦克周围则是士兵的尸体，有些仿佛刚刚入睡，有些却狰狞可怕，没有头，没有四肢，或是已被烧得焦黑。

　　德军的奈比尔威费火箭炮再次开火。

　　美军动摇了，开始撤退。

　　德军完全控制住了卡塞林山口。隆美尔下令第十装甲师继续追击。但是，第十装甲师同美军混战了一夜，并没有攻进北边的特拉镇。

第十装甲师犯了一个致命的错误——不敢顽强地向前推进。其实，特拉镇已是一座空城，驻守特拉镇的是一支力量薄弱的法军小分队，风声鹤唳的美军早就逃命去了。

德军一旦占领特拉镇，便踏上了向美军腹地推进的坦途。

由于德军未能占领特拉镇，美军的增援部队便又返回了特拉镇。美军的指挥官从无线电里向所有的部队下令："不准以任何借口向后撤退一步。"

德军丧失了一个重要的战机。

当隆美尔获悉这一情况时，他的情绪一落千丈，他感到他的非洲军团像一个马拉松选手，虽然接近终点，但精力已经耗尽，不能坚持到底。

凯瑟林元帅从遥远的罗马赶来了，他是来给隆美尔助威的。当他走进隆美尔的指挥车时，发现隆美尔正垂头丧气地坐在那里，倾听雨点拍打车顶的

◆ 德军坦克

声音。看到凯瑟林进来，隆美尔只是欠了欠身子，并未起身相迎。

"埃尔温，为什么停止前进了？"

隆美尔惨然一笑："你去问阿尼姆吧，他没有派来'虎'式坦克和步兵营。"

"这倒可能是真的，"凯瑟林说，"但是你有权力压倒他。你为什么不行使你的职权！"

隆美尔生气地回答："我的职权有何用？有人只知道对我的计划大泼冷水。他们根本就不懂得去冒经过深思熟虑的风险的意义。"

凯瑟林百思不得其解。就在前一天晚上，隆美尔还把令人欢欣鼓舞的战报用无线电向他作过汇报。

"你的部队将向哪里行动？"凯瑟林问道。

"撤回马雷斯，那里现在很危险，蒙哥马利才是我的真正对手。"

"据我看来，马雷斯防线很稳固，任何企图进攻马雷斯防线的人都要为之煞费心机，指挥官没有最充分的准备是不可能突破这道防线的。"

隆美尔摇了摇头。

当天下午，他取消了在卡塞林的全部进攻。尽管在短短的几天里，他使美军遭到了极为严重的损失，给了爱面子的艾森豪威尔将军一个难以忘怀的打击，但要想改变大势肯定是不可能的。

德军非洲军团司令部正在举行着一次非同寻常的会议。

隆美尔指着墙上的地图对指挥官们说："现在马雷斯防线上，蒙哥马利近日必将向我们发起攻击，因此，我们要先下手为强，要摧毁敌人总攻前集结的部队。"

自从德军从卡塞林山口撤回马雷斯防线不久，罗马就来了新的正式命令，委任隆美尔为"非洲集团军司令"，统率非洲装甲军团和德国非洲军团。这是墨索里尼为了协调在突尼斯的两个集团军而采取的一项措施。

隆美尔激动得有点不知所措，他感到元首和领袖仍信任他。

他郑重地接受了这一职务，要好好地利用突尼斯的兵力，同蒙哥马利决

一死战。

他指着墙上的一个小圆点说："我们的第一个目标就是梅德宁。"他停了一下继续说，"我建议来一次两面夹击，第十和第二十一装甲师从海岸附近的北线出击；第十五装甲师、第一六四轻装甲师一部分从南线穿插出山，进攻梅德宁，我们给蒙哥马利来个措手不及，因为，英国人已经习惯了我们的'右肘弯击'战术，总预料我们会从北边发起进攻。"

他的计划使与会者哗然。贝劳威斯将军首先站起来说："我军已在北线埋设了成千枚地雷，这些地雷有真有假，以防敌军取走。要通过我军的地雷区，十分困难，除非将地雷炸掉，而一旦炸毁，等于事先告知敌人我们要发起进攻。"

梅斯也表示反对。他提出了一项相反的建议，认为全部兵力应该穿过马特马达山脊。隆美尔不赞成这个建议："要是汽油车和弹药车被敌机击中起火，堵塞住狭窄的公路怎么办？最好的办法还是实施两面夹击战术。"

"可是，从我们空中拍摄的照片表明，蒙哥马利的多数大炮都部署在梅德宁和海岸之间，我们从这里进攻无疑是自投罗网。"梅斯毫不相让。

隆美尔气极了："阿拉曼战役中我们吃够了在远距离与英军坦克作战的苦头。但是突尼斯这里的经验证明，我们的坦克在近距离内要比英军的坦克占绝对的优势。因此我们的坦克需要复杂的地形借以向前推进。"

会议开了五个小时，仍未达成一致意见。

隆美尔厌烦了，他对梅斯将军说："你自己拟定作战计划吧！"

梅斯坚持采用简单的"右肘弯击"战术。

这一次梅斯失算了。蒙哥马利在离梅德宁约8000米的一座山背上严阵以待。在这里，他设下了大批重炮，有500门可以发射六磅重炮弹的反坦克炮、400辆坦克和数量众多的步兵。

1943年3月6日早晨，德军向梅德宁发起了代号为"卡普里"的进攻，但结果损失惨重，以失败告终。

当天晚上，隆美尔向希特勒递交了一份报告，要求再次撤退，并在蒙哥

马利开始总攻前放弃马雷斯防线，同时把梅斯的20万部队撤至自昂菲达维尔向内陆延伸的较易防守的小段战线上。这样，整个非洲集团军将只防守在100千米的战线上。

3月7日，一封由德军总参谋长哈尔德元帅起草的复电传到了隆美尔手中。复电援引希特勒的话说：

> 隆美尔元帅的行径同他从前对我们讲的话简直大相径庭。他想把部队撤至昂菲达维尔去，这绝对不行。隆美尔对局势的估计截然不同于他在的黎波里以东期间的估计。那时他认为一旦撤到目前的马雷斯防线，一切潜在的危机就会消失。把两个军团撤进突尼斯和比塞大一带无法施展的桥头堡地区，必将是失败的开始。

隆美尔失望了。他从失败中尝到了被冷落、被人轻视的滋味，而且他隐隐感到希特勒已不再信任他了。

曲散人终
被逼服毒结束生命

希特勒任命从非洲回国的隆美尔为意大利北部德军总司令。因为1943年7月15日，英美盟军开始在意大利的西西里岛登陆，希特勒责令其在意大利中部组织防御，阻止盟军的进攻。

但是不久，隆美尔和南战场总司令凯瑟林就在意大利的防守问题上发生了意见分歧，而希特勒采纳了凯瑟林的意见，把隆美尔调离了意大利。

隆美尔被调离意大利后，希特勒对怎样安排他颇费思量。最后，希特勒决定派隆美尔到法国去，任务是彻底检查和加强"大西洋壁垒"的海岸防御工事。

1943年11月5日，希特勒在"狼穴"颁布了这项任命。希特勒之所以选派隆美尔去西线，原因是在纳粹的元帅和上将这一级别的指挥官中只有隆美尔具有数年来一直与英美军队作战的经验。此外，他也想给隆美尔一个挽回声望的机会，振作一下他的精神状态。

12月18日，隆美尔到了法国。1940年他曾率第七装甲师一直打到法国西海岸，英军不得不仓皇从敦刻尔克撤退。

短短三年多，现在的局势就大不相同了。那时德国处于进攻地位，现在则处于守势；那时德军的飞机在法兰西上空横行，现在英美空军对德国和法国北部地区的轰炸已是家常便饭。

德军的所谓"大西洋壁垒"，与其说是不可逾越的工事，不如说是戈培尔吹嘘宣传的产物。它的支撑点是逐渐建立起来并互相隔绝的，而且防守兵力不足。所以，隆美尔对能否阻击盟军的登陆信心不足。

隆美尔这时已无单独决定重大行动的权力，他作为德军西线总司令冯·龙德斯泰特属下的 B 集团军群司令，必须接受龙德斯泰特的指挥和节制。隆美尔要求控制更多的装甲师，但希特勒一直没有答应。

1944年6月6日早晨，英美盟军开始在诺曼底登陆。

当天，隆美尔正在家里为妻子露西庆祝生日，待他接到报告后赶到诺曼底前线时，盟军已夺占了几个纵深达10千米的登陆点。

希特勒（蜡像）

至6月12日，登陆盟军已达33万人，而德军统帅部才调来三个装甲师和一个摩托化师，使诺曼底地区的德军兵力增至12个师。

希特勒命令部队不准实施新的部署和调动，而由他亲自决定如何行动。他于6月17日到法国视察时，隆美尔建议部队从诺曼底主动后撤，但被拒绝。

随着盟军自诺曼底登陆成功后向德军防御纵深的逐步推进，隆美尔对整个西线战事越来越绝望了。他像当时的一些德军将领一样，希望希特勒能在西线与英美单独媾和，然后集中力量去对付东线的苏军，为此他曾当面与希特勒发生了冲突。

1944年6月29日，就在盟军从诺曼底继续向法国腹地挺进期间，希特勒在他的伯希特斯加登山间别墅里召开了一次有西线将领参加的大本营军事会议。

会上，希特勒先发表一通旨在鼓劲打气的演说，然后请隆美尔谈谈盟军在诺曼底登陆以来的军事局势。

但隆美尔谈的却不是这些，他鼓足勇气当着希特勒的面说道："元首阁下，我作为B集团军群司令，认为有责任向您阐明西线局势。首先谈谈我们的政治形势，全世界联合起来对付德国，而力量平衡……"

希特勒立刻打断他的话："陆军元帅，请谈你的军事形势，别的不用你讲。"

"我的元首，历史要求我应首先谈谈我们的整个形势。"隆美尔固执地说。

希特勒猛一拍桌子，说："你就谈谈你的军事局势，其他的什么也不许谈。"

隆美尔不得不遵命介绍了盟军在诺曼底登陆后的军事局势。

之后，希特勒又就反击问题口出狂言：用德国的海军、空军封锁盟军从英国到诺曼底的交通线，同时集结部队，把盟军赶下大海，再来一个敦刻尔克。希特勒说到这儿，便把期待的目光转向隆美尔。

这一回，隆美尔不想再说话了，但希特勒还要他就军事问题表明一下态

度。隆美尔仍然默不做声。因为战争进行到这个时候，德国已没有多少潜力了，隆美尔认为只有趁着德国军队还未被彻底摧毁之前，与英美媾和，或许还能够讨价还价，以挽救第三帝国的命运。

但是，希特勒不允许他的将领们谈论这个"政治问题"，而且他认为德国还能够也必须打下去。

所以，当隆美尔最后忍不住还想就"德国这个主题谈一谈时"，希特勒气愤地让他离开会场："陆军元帅，还是离开这里吧！我看这样做好一些。"

隆美尔实际上是被希特勒轰出了会场。这是他生前最后一次与希特勒的会面。

18天以后，隆美尔离开B集团军群司令部去前线部队视察时，乘坐的汽车遭到盟军飞机的扫射，司机被当场击毙，他从打翻的汽车里爬出来后，颅骨四处骨折，头皮也被撕去一块，左眼眶伤得厉害。

随后，他离开法国战场返回国内治伤。隆美尔的军事生涯从此结束了。

三个月后，他因被牵涉进"7月20日阴谋用定时炸弹谋害元首"的案件中，于10月14日在希特勒派来的陆军人事部长的监视下服毒自杀，终年53岁。

他死后，希特勒还像演戏似的给露西发来唁电：

谨对贵夫君逝世表示至为沉痛的哀悼。元帅英名和非洲军团的英雄业绩一样永垂不朽！

其实，隆美尔的命运从阿拉曼战役失败之后就已确定了。败军之将，言不听，计不从，虽然他还是忠心耿耿为德国命运出谋划策，但希特勒早已不屑一听，这样的人"谋杀元首"，恐怕除了希特勒谁也不会相信。可怜隆美尔戎马一生，最后被逼自杀。

豺狼陷阱

第 二 次 世 界 大 战 主 要 悍 将

希 姆 莱

　　海因里希·希姆莱，德意志第三帝国政客，二战后期超越戈林成为第三帝国第二号实权人物。1934年，成为德国秘密警察即盖世太保的首脑，将党卫队发展为控制着整个纳粹帝国的庞大组织，他属下的集中营屠杀了600万犹太人。1944年，兼任德国预备集团军司令，接连战败。此后，他企图单独和英美谈判，在化装逃亡途中被俘后自杀。

结识冲锋队员
加入纳粹组织

1900年10月7日，希姆莱在慕尼黑希尔德加德街2号三楼的一间小卧室里出生了。

他的父亲戈培哈德·希姆莱时年35岁，向来都受到巴伐利亚的威特尔斯巴赫皇室的提携和帮助，并一度担任过皇室枢密顾问海因里希亲王的指导教师。

1900年，老希姆莱离开皇室，担任慕尼黑一所高等文科中学的老师，但他同巴伐利亚的皇室仍保持着深厚的友谊，加上为人正直勤勉，因此在同事和邻居中有着很好的人缘。

老希姆莱极为珍视巴伐利亚皇室给予他的社会荣誉，因此，当希姆莱出生时，他请求巴伐利亚枢密院的顾问海因里希亲王屈尊担任这个孩子的教父并赐名。

亲王爽快地答应了，并用自己的名字给这个教子命了名，这就是后来那个一度让欧洲和世界为之战栗的名字——海因里希·希姆莱。

1914年，第一次世界大战爆发。弥漫全球的烽火硝烟，撩动了少年希姆莱的心。

1917年，当战争进行到第三个年头时，17岁的希姆莱已经再也无法坐在教室里当一名战争的旁观者了。可是，他离法定的服役年龄还差一岁，这使希姆莱烦恼已极，他把自己的想法告诉了父亲。

知子莫若父，老希姆莱很了解儿子的苦恼。于是，他向皇室里的朋友寻求帮助，问题很轻易地解决了。

1917年年底，希姆莱加入了巴伐利亚第十一步兵团"森林团"。这与希姆莱最初的愿望多少有些不一致。希姆莱所向往的是加入海军部队，可是他鼻梁上的那副深度眼镜却拖了他的后腿，因为帝国舰队从来不收戴眼镜的人。这样，他只好退而求其次成为陆军的一员。

希姆莱一入伍便被安排去累根斯堡接受候补军官训练，同时还进了拜罗伊特的机枪训练班。结业后，他被编入第十一步兵团补充营四连。正当希姆莱准备大干一场的时候，第一次世界大战的硝烟却散尽了。曾经不可一世的德国宣布战败投降，希姆莱奉命退役。

对希姆莱而言，战争的过早结束无疑是一种不幸。在这场战争中，他寸功未建，他的服役记录仅是一名毫不起眼的士官生。

除了当兵，希姆莱对农业也颇有兴趣。早在幼时，他便喜欢在自家的花园里搜集各种植物。后来，在他所管辖的集中营里，他还专门下令种植一些他认为应该种的植物。

1919年春，希姆莱在巴伐利亚的一家农场找了一份工作。然而，同他的军事生涯一样，希姆莱的农业之梦也是刚一开始就破碎了。

1919年10月18日，他考入慕尼黑大学技术学院，成为一名农业技术专业的学生。

初入慕尼黑大学时，希姆莱无疑是个好学生。他整日埋头苦读植物学、土壤学和化学方面的书籍，但很快他便被一些宣扬种族主义的书籍所吸引。这其中，对他影响最大的是理查德·瓦尔特·戴尔的《血和大地》。

瓦尔特·戴尔是纳粹党最早的拥护者之一。他所鼓吹的选择繁殖的观点与希特勒如出一辙。

希姆莱不再安心于学业了。

从1919年11月起，他开始参加各种右翼政治活动。这些活动要求德国回到传统的价值观，结束软弱的魏玛政权，处死对"耻辱的停战"负有责任的"十一月罪犯"。

希姆莱对战争和穷兵黩武表现得更加热衷了。

翻开这一时期希姆莱留下的日记，可以看到的都是这样的文字：

> 1919年11月28日
>
> 我现在但愿能身临险境，让我以生命孤注一掷，让我去战斗，这也许会使我得到解脱。
>
> 1921年11月22日
>
> 一旦东方战争再起，我将加入战斗。东方对我们极其重要，而西方将要死亡，我们必须在东方开拓新的空间。
>
> 1922年2月19日
>
> 但愿果真能再次战斗、战争和出征！

就在这个时候，希姆莱生命中的第一个关键人物出现了。这就是恩斯特·罗姆。

恩斯特·罗姆，1887年生于慕尼黑，职业军人，参加过第一次世界大战，授上尉衔。罗姆是希特勒的密友、纳粹党的早期领导人之一。

1920年，他同戈林一起创建了纳粹党的准军事组织——冲锋队，该组织网罗了一大批为非作歹、无恶不作的凶悍之徒。

1922年1月26日，在慕尼黑阿尔贝尔克啤酒馆举行的一次右翼团体集会上，希姆莱同恩斯特·罗姆相遇。

罗姆此时是冲锋队的参谋长，正四处招揽"人才"，以扩大冲锋队。

罗姆与希姆莱一结识，便戏剧性地结合在一起。罗姆很欣赏希姆莱，认为他是一个很好的政治合作伙伴；而希姆莱则被罗姆的政治魅力所征服，成为罗姆的崇拜者和追随者，为罗姆赴汤蹈火也在所不惜。

1922年8月5日，希姆莱通过考试，从慕尼黑大学毕业并取得农艺师文凭。这时，他在慕尼黑郊外的兰德氮素有限公司谋得了一个不错的职位，担任实验室助理。这份工作不仅给希姆莱带来了一份可观的收入，更主要的是这儿离慕尼黑仅有15千米，可以同德国政治生活的中心保持经常的联系。

　　与此同时，由于长期生活在下巴伐利亚农民聚集的地方，使他形成了这样的想法：农民阶级是民族的本源，自由乡土上的自由农民是德意志民族力量和民族精神最强大的后盾。这一思想，加上民族社会主义运动宣传的影响，希姆莱设想了一个以农业为主要标志的社会。

　　他伙同几个臭味相投的人在慕尼黑郊外买了一块地，开办了一个农场，以此作为实现他农村之国的胚胎。

　　然而，他的农场没等兴旺发达起来，便夭折了。

　　他把自己的农场因资金不足而夭折的原因，归结到犹太人的身上。他的理论是：世界犹太民族煽动城市居民反对农民。他认定，农民最危险的敌人是世界犹太资本。

　　这可以说是希姆莱反犹思想形成的雏形。

　　希姆莱当时还有另一种奇怪的想法，他认为斯拉夫人也是农民不共戴天的敌人。全国农民阶级唯有在反斯拉夫人的斗争中才能保存和壮大自己。

　　这无意中形成的想法成为希姆莱日后给党卫队纲领提出的两个要点的思想基础，即确定第三帝国反犹和反斯拉夫人政策的基本思想，成为希姆莱反"世界犹太民族"和反"斯拉夫劣等种族"的坚定不移的奋斗目标。

杀人魔头希姆莱

这种与人道相悖的种族理论被希姆莱所吸收，他觉得从中受到了鼓舞，得到了启发。

希姆莱的思想日益走向右翼极端主义。

在罗姆的影响下，希姆莱先是加入了由海斯上尉领导的"德国国旗"组织，该组织同罗姆有着密切的联系。但是，1923年10月初，这个组织分裂了。

希姆莱索性辞去了在兰德氮素有限公司的工作，返回慕尼黑，同该组织的另外300名极端分子在罗姆和赛德尔上尉领导下，又组成了"德国战旗"组织。这一组织，一成立便参加了慕尼黑啤酒馆暴动。

1923年，德国国内外形势急剧恶化。

法国和比利时以德国不履行《凡尔赛和约》为由，停止支付赔款为名，出兵占领了鲁尔区。

德国政府以"消极抵抗"作为对策，导致了国内大量工人失业、通货膨胀、货币贬值。德国共产党提出反对法比占领军和本国资本家、组织统一战线、建立工农政府的口号，萨克森和图林根两地很快便成立了工人政府，后来又爆发了汉堡起义。

但是，工人政府被镇压，起义很快失败，反革命势力获胜。德国笼罩着严重的政治、经济危机，社会动荡不安。

就在此时，希特勒发动了著名的慕尼黑啤酒馆暴动。这次幼稚的政变虽然失败了，希特勒的大名却传遍了整个德国，使得希姆莱进一步投入到极右翼运动中。

他加入了民族社会主义自由运动组织。希姆莱在其中遇见了过去的朋友戈利格尔·施特拉塞。他是自由运动组织的头目，他看出希姆莱有组织能力，便很快起用他，让他担任了自己的秘书。

1924年5月，德国国会大选在即。

施特拉塞企图利用希特勒政变在德国引起的轰动，将自己手下的纳粹分子塞进国会。

　　为帮助施特拉塞竞选，希姆莱驾驶着一辆摩托，在下巴伐利亚各村镇之间往返奔驰，传达施特拉塞的通知文告，并向农民声嘶力竭地进行民族社会主义的宣传，煽动农民反对金融资本，诅咒犹太人和共济会成员，攻击布尔什维克，诋毁民主政治和一切合理的政策。

　　希姆莱的力气没有白费，施特拉塞的竞选活动捞到了近两百万张选票，赢得了32个国会议员席位。

　　作为对希姆莱的奖赏，施特拉塞设法满足了希姆莱的权力欲望。在赴柏林上任前，他提升希姆莱担任了巴伐利亚—上普法尔茨省党部副书记。

　　希姆莱虽然投靠到施特拉塞的门下，但他始终认为自己只是党的领导机关的一名工作人员，不是施特拉塞的侍从。因为，施特拉塞并不具备令希姆莱所折服的领袖魅力。

　　就在这时，希特勒的到来为希姆莱的人生道路打开了一条通往血腥罪恶的"光明"坦途。

靠拢希特勒
升任党卫队领袖

　　希特勒离开了兰茨贝格监狱后，立即着手重建因啤酒馆暴动失败而四分五裂的纳粹党。

　　而希姆莱早已为希特勒在兰茨贝格监狱里炮制的那本臭名昭著的《我的奋斗》，种族主义理论和他狂妄的叫嚣所深深地折服。

　　凭着择主而事的本能，希姆莱认定希特勒就是自己的新偶像。于是，当施特拉塞调往柏林并成为希特勒在德国北部的竞争对手时，希姆莱开始向希特勒靠拢。

　　1925年2月，希姆莱给希特勒写了一封信。

　　在这封信中，他恬不知耻地吹捧希特勒，说稍有祖国观念的德国人都信任他，把他视为能帮助德国重新占据它应有地位的那样一个人。

　　希特勒被这位新崇拜者的信感动了，他决定要见一见这封信的作者。

　　1925年3月12日，希姆莱敲开了希特勒的房门。同年8月，他加入了纳粹党，党证编号1345。

　　希特勒很喜欢希姆莱那种恭敬的态度和严守纪律的作风。对这位忠诚的新"仆人"，希特勒果然没有亏待他，不断地给他一点甜头，让他在特权阶层中的地位直线上升。

　　1926年，希姆莱任纳粹党上巴伐利亚—施瓦本区副领袖，后又任纳粹党全国宣传工作副领导。

　　1927年，希姆莱任党卫队全国副领袖，其党卫队队员证号是168。

　　面对这些令人炫目的头衔，希姆莱感到称心如意，他的虚荣心得到了满

足。

在希姆莱的办公室和住宅的门上，金光闪闪的哥特字母显示：希姆莱身兼三职。他既是纳粹党慕尼黑党部书记，又是党卫队全国副领袖和中央宣传工作副领导。

坚信日耳曼种族优越论的希姆莱，终于在他26岁时碰上了一个梦幻中的金发碧眼、身材高大的日耳曼姑娘。

这个女子叫玛加丽特·波登，是西普鲁士贡歇策沃一个德国地主的女儿。在第一次世界大战期间，她曾经当过护士，后到柏林结婚，不久离婚。在柏林，她用她父亲给的钱开了一家小型私人诊所。

希姆莱被玛加丽特身上的那股主宰人的气质所迷醉；而她则对希姆莱关于医学的一些妄言特别是顺势疗法颇表赞同。两人一见钟情，很快便如胶似漆。

玛加丽特·波登比希姆莱大八岁，而且还是教徒、结过婚的人。希姆莱的父母对儿子所找的对象不大满意，但他们并没有横加干涉。

1928年7月3日，希姆莱同玛加丽特·波登结婚。从这一天起，这个粗俗、毫无幽默感和神经质的金发女人，主宰了希姆莱的生活。

希姆莱所担任的三个职务中，无疑以党卫队全国副领袖最为重要，因为这个组织在未来的岁月中即将决定千百万人的命运和生死。

1925年4月，根据希特勒的授意，希特勒的司机尤利乌斯·施雷克为希特勒组建了一支本部卫队，首批党卫队员只有八人。几个星期后，这支新的卫队改名为党卫队，简称为"ＳＳ"，从此，这个词成为德国人最大的梦魇。

这时的党卫队，远不如后来向人们所显示的那样强大和不可一世，它充其量不过是纳粹党内得到主子恩宠的一个"私生子"。荣耀是有的，但骨子里还是被人看不起。它所担负的任务，在纳粹党内是很不起眼的。

当希姆莱担任党卫队全国副领袖时，全国仅有队员167人。而当他小人得志，于1929年1月6日成为党卫队全国领袖时，全国队员也仅仅300余人，并且在名义上隶属于一向不把党卫队当回事的冲锋队头头管辖。

　　党卫队不仅兵微将寡，而且还缺乏精锐装备和应有的尊严及传统。它干的是被认为微不足道的工作，在经济上也没有得到纳粹党的任何补贴。党卫队队员还要自己掏腰包买黑夹克、筒靴，交纳党费和党卫队的队费。

　　更叫人恼火的是，纳粹党内存在一种普遍的偏见，人们把党卫队仅仅看做是推销党的报刊的一支队伍。

　　此外，这一时期的希姆莱虽已进入纳粹高层，但同戈林、戈培尔、弗立克、施佩尔这些人比起来，他还不是希特勒最亲密圈子中的成员。这也令希姆莱伤透了脑筋。

　　希姆莱向被他认为有用的社会各阶层频送秋波，这些阶层拥有他所需要的东西：声望、金钱和一种世代相传的统治本能。

　　在希姆莱不遗余力地努力下，党卫队得到了迅速地扩张。大量各阶层人士涌入党卫队，迅速改变了党卫队的社会成分和面貌。一些心存疑忌和不满的党卫队老队员把这些新人戏称为"香堇菜"。

　　截至1933年，"香堇菜"成员主要有以下几种人：

　　其一是前志愿团成员。这都是一些崇尚武力、爱好冒险的家伙。在德国历史上，可以说找不出第二个比1919年和1920年间的志愿团更为冒险、既打仗又搞政治的军人组成的乌合之众了。

　　其二是贵族。这是最先加入党卫队的一些知名贵族人士。紧随其后，党卫队的血管里进一步注入了贵族血液。在党卫队的花名册上，普鲁士、德意志历史上的显赫姓氏几乎无一遗漏。

　　贵族的加入，是希姆莱为党卫队添置的一个精致的花瓶，穿上党卫队制服的贵族在党卫队内担任了一些有名无实的高级职位。希姆莱并不要求这些显赫的成员做任何具体事情，他只是要利用这些人进行招摇撞骗。

　　事实证明，这对党卫队补充新人和扩大影响起了显著的作用。没过多久，党卫队便从人们心目中的"卖报小贩"变成了"精华的组织"，黑色制服也在社会上成为男性阳刚之美的象征。

　　继贵族之后涌入党卫队的是中等资产阶级子弟。他们中的多半都受过完

整的大学教育，这些人差不多都进了海德里希主持的保安情报处。他们成了不凭感情办事的党卫队技术政治家，给法西斯专政提供了各种需要的、形式上合乎法律的公式。

这种公式巧妙、实用，除了着眼于权力之外不计其他，但又灭绝人性和无视人们一致公认的准则。

这群人的另一部分，是一些青年经济学家。他们对党卫队本身的世界观不感兴趣，而是将希姆莱的经济企业看成是一条比较保险的成名发迹的道路。

"香堇菜"还有一个重要来源，是国防军中的资产阶级军官团，他们使本已很不一致的党卫队成分更加复杂化了。农民也纷纷涌入了党卫队。这些人大多比较年轻，感到一辈子待在农村无出路，而投身党卫队谋求发迹。

希特勒是党卫队的幕后支持者 ⌄

喜欢别出心裁的希姆莱，似乎嫌党卫队还不够五花八门，他又给党卫队添了一个别致的大花瓶：名誉领袖。希姆莱授予有影响的公职人员、纳粹党的高级干部、社会名流以领袖头衔，并让他们有权穿相应的党卫队制服。

党卫队名誉领袖直接由全国领袖本部领导，不需值勤，但也无权发号施令。希姆莱企图利用这种名誉领袖的头衔扩大党卫队的社会基础，并以党卫队的思想来操纵这些名誉领袖。这种想法看上去荒唐，但很有用。

为把党卫队变成名副其实的近卫军，希姆莱仍在马不停蹄招兵买马，扩充势力。

希姆莱利用节日活动，同农业技术协会建立了联系，并进而由此和半保皇性质的"基夫豪塞"德国军官联合会总会结盟，使党卫队又多了一个大量退伍老兵的来源。不久，德国军官联合会总会的中央领导成员和地方分会领袖也集体加入了党卫队。

党卫队以令人吃惊的速度迅速膨胀着，但希姆莱对此仍感不满。这时，他打起了冲锋队的主意。

对党卫队而言，冲锋队现在还是一个尚未开垦的处女地，这也使得希姆莱垂涎三尺。

党卫队此时在名义上还隶属于冲锋队，但这并不影响希姆莱的行动。在暗地里，希姆莱开始大挖冲锋队的墙角，而且颇有成效。

希姆莱的举动，引起了冲锋队的头头弗朗茨·普费维尔·冯·沙洛蒙的警惕和不满，他认为"党卫队组织是使用卑鄙手段招募人员，意在瓦解冲锋队"。

于是，在1926年年底，他签署了一项命令规定：

党卫队只许在冲锋队的领导下进行行动。

可是，得到希特勒暗中撑腰的希姆莱并不买账，依然我行我素，继续在冲锋队的后院煽风点火。

冲锋队的头头们被激怒了。

其中有些人怒不可遏，他们纷纷印制匿名传单，抗议希特勒"以牺牲冲锋队来扩充平民阶级的党魁的私人卫队——党卫队"的阴险做法。

党卫队同冲锋队的矛盾越演越烈。这时候，希特勒以平衡者的面目出现了。

希特勒指示，立刻结束党卫队与冲锋队的敌对状态。同时，他不无偏袒地站在了党卫队一边。1930年年底，希特勒下令："任何冲锋队领袖均无权对党卫队发号施令。"

党卫队从此脱离冲锋队的领导，成为纳粹党的又一支独立力量。

希姆莱在权力角斗场上取得了第一次重大胜利。

希特勒很高兴地看到，党卫队队伍的壮大在很大程度上削弱了令他讨厌的冲锋队的影响，为此，他决定进一步为党卫队大开方便之门。

希特勒指示：党卫队不要再在冲锋队内招募人员。

相反，冲锋队有义务主动挑选优秀的人员输送给党卫队，其输送人数应占各地区规划中党卫队人数的半数。对冲锋队输送来的成员，党卫队有权进行严格的挑选，被认为血统不纯正即不是日耳曼人血统的，党卫队有权退回。冲锋队作为党卫队的重要来源，需再重新挑选和输送党卫队员。

党卫队的势力得到爆炸性的扩大。

最令希姆莱满意的是，党卫队不再是纳粹党内执行微不足道任务的"小弟弟"了。在希特勒1930年11月7日发布的命令中，希姆莱欣喜地注意到这样一句话："党卫队最首要的任务是在党内执行警察职责。"

从这时起，心领神会的希姆莱便把组建一支对希特勒无限忠诚、在兵员素质上远远超过冲锋队那帮粗野武夫的部队，作为他所奋斗的目标。他知道，希特勒要他做的，就是将党卫队建成日耳曼血统部队的雏形。

纳粹实行铁血专政的利剑在这时雏形已具。

从这时起，党卫队开始向情报领域进军。在希姆莱的领导下，它倾尽全力地投入了这样一种活动——侦察反希特勒分子和反党人物。

据此，希姆莱在党卫队各个地区建立起秘密侦察部门，负责监视党内外敌人的情况。

随着纳粹党在德国政治生活的日益得势，党卫队也在一天天地发展壮大。

1932年1月25日，希姆莱被任命为位于慕尼黑布里纳大街45号的纳粹党总部的安全工作负责人。

1933年，第一次世界大战后在德国历史舞台上存在了14年的魏玛共和国寿终正寝，德国人14年来实行民主制度的笨拙努力的丧钟终于敲响了，纳粹在德国取得了政权。

维也纳的流浪汉、第一次世界大战时的下士、啤酒馆政变闹剧的主角、纳粹党党魁希特勒，在德国军人和垄断巨头的支持下，以合乎宪法的方式宣誓就任德国总理。

希姆莱的权势却随着纳粹的上台而下降了。1933年，他被希特勒任命为慕尼黑警察局局长。希姆莱无法容忍这一切，他要想成为纳粹国家中真正的实权人物。

幸运的是，他命运中又有一个关键人物登场了，这就是莱因哈德·海德里希，纳粹帝国中未来的另一个谍报巨头。

海德里希与希姆莱于1931年6月结识，希姆莱对海德里希超群的才能深为赏识，称他为"一部活的记录器，一位了解所有线路并使其始终连接通畅的有头脑的人物"，是一个"天生的情报人才"。

希姆莱当场决定，起用莱因哈德·海德里希，由其负责党卫队情报机构的组建。

希姆莱和海德里希这对纳粹德国的"梦幻组合"从这时开始形成了。希姆莱在1931年年初，仿效德国陆军参谋本部的IC部门——主管敌情侦察的部门——在党卫队高级指导处设立的类似机构的实际工作全部交给了海德里希，而他本人仍旧担任该机构的名义领导。

　　1931年8月底，海德里希以未来的情报巨头身份参加了在慕尼黑褐色大厦召开的一次党卫队高级干部会议。在这次会上，海德里希指出党必须无情地清除一切间谍分子和异己分子。

　　1932年年初，海德里希已将他的特务机构扩大，在各区的党卫队内都先后成立了IC科。

　　这时的海德里希已不满足于跟几个密探和情报人员保持松散的接触了，他决定将在各地的IC部门组织起来。

　　1932年4月，希姆莱和海德里希将IC改名为PID，即新闻和情报处，并以此为基础，将党卫队各单位的谍报人员和密探抽调出来，直接置于海德里希领导之下，由此产生了第一个党卫队特别机构——保安处，简称SD。

　　这时，保安处也有了自己的办公地点——慕尼黑楚卡里大街4号的一幢大楼。

　　关于党卫军保安处的作用，希姆莱曾写道：

　　揭露一切与国家社会主义为敌的分子从而指导警察的行动，因为执法的任务只能由警察担任。

　　但保安处的头头们并不甘心仅仅充当盖世太保的助手这一角色。于是，他们为自己确定了相同的目标：保安情报处将成为精神警察和评判控制思想的工具。

　　作为党卫队特别机构的保安处，是海德里希自己控制的一个半独立机构，仿佛党卫队中的"国中之国"。

　　党卫队和保安处的势力在巴伐利亚取得了空前的发展。

　　1933年4月1日，巴伐利亚的所有政治警察被划归希姆莱领导，希姆莱自称政治警察司令，同时，他还领导了巴伐利亚内政部的一个特别司。自此，希姆莱和海德里希又在积极筹划将这"黑色章鱼的触角"伸向德国社会的各个角落。

　　海德里希这个能干的帮凶，教会了希姆莱如何利用党卫队去干成他想干的事。对希姆莱来说，没有比赢得希特勒的欢心、挤进希特勒身边最核心圈子更重要的事了。

　　希姆莱抓住了希特勒神经上最敏感的一点——安全问题。

　　希特勒这位德国的新主宰从上台那一天起，就有着一种强烈的不安全感，他对个人安全怎么也放心不下。他疑神疑鬼，好像到处都有向他逼近的影子。

　　于是，希特勒指令由党卫队建立一支负责保卫他的本部警卫。

　　希姆莱立刻挑选了一个矮胖粗壮的巴伐利亚人、党卫队地区总队长约瑟夫·狄特里希担任希特勒的私人卫队长，由他负责组建工作。

　　狄特里希纠集了120名忠心且凶悍的党卫队员，在希特勒周围布置了一道由三层岗哨组成的警戒线。

　　这支新队伍后来被希特勒冠以"阿道夫·希特勒党卫队警卫旗队"的称呼。这就为德国第二支国防军的建立打下了基础，即后来的武装党卫队。

　　希姆莱由此得到启发，他开始在全国范围内建立起类似性质的"党卫队特遣队"，即后来的"政治预备队"。希姆莱的野心不断地膨胀。

血洗冲锋队制造
"长刀之夜"

为了成为"秘密国家警察"的领导人，希姆莱利用罗姆的冲锋队与戈林的矛盾，经过一番钩心斗角的斗争，迫使戈林交出了"秘密警察"的控制权。而后，希姆莱、海德里希又和戈林联合起来，向着共同的对手——罗姆发起进攻。

此时罗姆的势力过于膨胀，几乎得罪了所有人，希特勒也觉得如芒刺在背，除去罗姆才能使各个实权集团满意，诛杀老战友已成为希特勒唯一的选择。罗姆曾是希姆莱的偶像，但涉及权力之争，心狠手辣的希姆莱是绝不会顾及这点情谊的。

希姆莱在全国范围内大搜捕、大屠杀；党卫队翻脸无情，火并其昔日的兄长——冲锋队，纳粹党内的争斗使德国一度处于内战边缘。

短短一个星期的时间，数百万褐衫武装土崩瓦解。

1934年6月30日夜，希特勒亲自率领党卫军与国防军，血洗了冲锋队总部，枪决了包括罗姆在内的一百多名冲锋队高级领导人，此外被杀的还有一千多人，史称"长刀之夜"。

在结束对冲锋队的屠杀之后，希姆莱和海德里希得到了希特勒前所未有的信任和器重，纳粹特务机构的这两驾马车从此一路绿灯，畅通无阻。

1934年7月20日，希姆莱得到了希特勒最好的报酬。希特勒在这一天下令：

鉴于党卫队的丰功伟绩，特别是6月30日的事件，因此我将其看做是国家社会主义工人党内的一个独立自主组织。

　　党卫队成了一支完全独立的力量，从此以后，希姆莱将只受希特勒一人的制约。党卫队保安处也名副其实地成为纳粹党内唯一的情报机构。

　　国防军很不情愿面对这样一个现实："长刀之夜"最大的赢家是那个面色苍白、奴气十足、一向不被他们放在眼里的来自慕尼黑的农场主。在希姆莱的统领下，党卫队正在向真正的"国中之国"迈进。在德国的城市和乡村，蛊惑人心的宣传四处弥漫。

　　从纳粹上台的第一天起，每个德国人就被教会要牢记"领袖原则"，即无条件地绝对服从领袖——希特勒的一切旨意。这是第三帝国的国家原则，任何敢于反对它的人，都将被视为"国家之敌"。

　　而希姆莱就是实现这一原则的一把铁血之剑，在他和他所领导的机构身上充分体现了"毫不犹豫、无条件执行领袖命令"的顺从性。

　　希姆莱和海德里希有意强化黑色集团存在的恐怖效应。

　　党卫队这个秘密宗派，不让任何人了解它的组织内幕。阴森恐怖的氛

奥斯威辛集中营大门

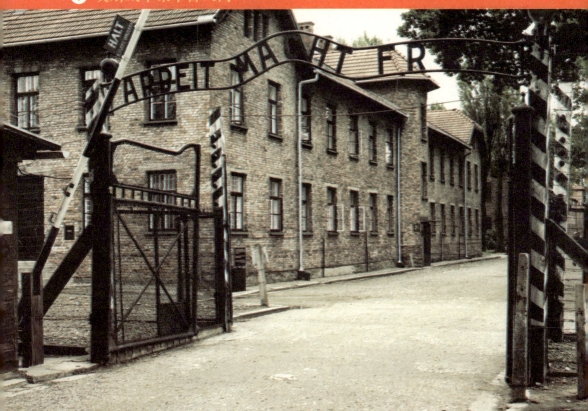

围、神秘莫测的行动……使德国人对它望而生畏而又无从捉摸。

早在1933年3月20日，希姆莱便批准在巴伐利亚建立了一座专门关押男性犯人的集中营。这座集中营建在达豪附近的一个火药厂的旧址上，以几间石砌的平房为中心，所有被捕的共产党员和社会民主党人都被集中到这里。

看守集中营的党卫队从1936年起被称为"骷髅队"。

从那时起，"集中营"这个词使得人们谈之色变，每一个德国人都面临着这个无声无息、但又无处不在的威胁。"达豪"成了希姆莱警察统治的代名词。最初，几乎谁也没有理睬希姆莱的样板集中营的发明，纳粹的头目只是发愣地看着希姆莱警察机器的官僚主义的办事效率和完善组织。但是，很快人们就发现，集中营构成了海因里希·希姆莱警察之国的中心。

继达豪集中营之后，1933年3月底，党卫队又在符腾堡地区的施韦比施格明德附近，建立了第一座专门关押女性犯人的集中营，即戈特斯采尔集中营。集中营像蜘蛛网一样延伸到德国的各个角落。

带有强烈种族色彩的集中营的大量出现，其目的在于"不但不允许一个犹太人存在，而且要让整个犹太民族从这个星球上消失"。

比死更可怕的是生不如死。在集中营里，最坏的遭遇并不是死。在党卫军的种族政策中，灭绝人性的暴行常常伴之以五花八门的凌辱手段。其中有些手段就连最富想象力的文学家也无法想到。

集中营的恶毒用意就在于，给在押犯制造一种极端卑贱感，让他们不把自己当人看。同时，也借此震慑其他德国人，让他们学会循规蹈矩，抹去一切不顺从的精神。

豺狼陷阱

效力法西斯
沦为"杀人机器"

第二次世界大战爆发之后，随着纳粹占领了大半个欧洲，希姆莱"魔王"的狰狞面目开始显现，党卫队成为纳粹种族屠杀的工具，而盖世太保则变成恐怖的代名词，他们的罪行罄竹难书，惨绝人寰。

希特勒命令希姆莱：

绝对不可以让波兰复活。为此必须消灭波兰的贵族，消灭波兰的知识分子。这样，波兰人就会沦为奴隶，沦为社会最底层的人。

希姆莱表示："我不会做任何领袖所不知道的事情。"

在希姆莱眼里，犹太人的一切努力，不过是在苟延残喘地做着无望的求生挣扎。希姆莱说："当我们听到被枪决人数有17000名时，我们切切不可书生气十足。"

波兰人在希姆莱的鼻息下过着朝不保夕的日子。

1942年1月20日，在格罗森·万塞56至58号的威尔姆斯别墅里，党卫军巨头莱因哈德·海德里希主持了所谓的万塞会议。在白兰地酒香气四溢的气氛中，海德里希充满自豪地向他的下属抛出了一个统计数字：从1933年开始到1941年年底，已有53.7万名犹太人被移民。

当时在白俄罗斯与乌克兰已有50多万犹太人被"最后解决"了。

海德里希同时指出，现在面临的问题是：战时条件已不适合移民政策的

100

实施了，我们要"身负重任，把最后不分疆域解决犹太人的办法搞出来"。

海德里希拿出一张图表，该图显示出哪些犹太聚集地需要撤走。他还暗示了他们的命运：适合劳动的将组成劳工队，但是侥幸活下来的人们也不准自由行动，以避免他们"组成新的细菌细胞，让犹太民族重新崛起"。

不久，希特勒在庆祝纳粹党执政九周年大会上公开坦言：

这场战争结束时，不是日耳曼民族从欧洲消失，就是犹太人消失。

对于那些正在设计毒气室的人们来说，对于那些在波兰建造屠杀中心的人来说，这无疑是集体屠杀的号角。

至第二年春季，仅在波兰就建立起了六个屠杀中心，其中四个在弗兰克的德占区，即特莱勃林卡、索比堡、贝乌泽茨和卢布林；两个在和平区里，

希特勒（右二）在发表演讲

101

即库姆霍夫和奥斯威辛。在德国及被占领土上，还有与此性质相同而大小不等的几十座集中营。

所有的犹太人、斯拉夫人、吉卜赛人、同性恋、智力迟钝者和精神病患者都是希特勒"最后解决方案"中的人选，一到挤满够一列货车装载的6000人，他们就被集体运往集中营。由于窒息与传染病，当这列货车到达集中营时，里面已有近四分之一的人死亡。

活着的人被鞭子赶下车后，被勒令将衣服脱光，将假肢、眼镜等取下，把贵重物品和钱交出来。妇女与少女的头发全被剪下，拿去给潜艇人员做漂亮的拖鞋。

男女老幼列队进入死亡室。他们被告知"只要深呼吸就行了。吸氧是防止传染病的方法之一，是消毒的一种良方"。

32分钟后，他们全部直挺挺地死去，就像柱子似的，因为他们连倒地或倾斜的空间都没有。

德军集中营

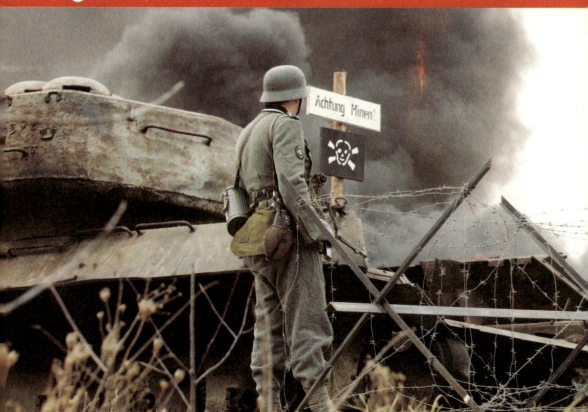

尸体被拖出来后，一群工人用铁钩将死者的嘴巴扒开寻找金牙，其他人则在肛门里寻找珠宝首饰，因为这是犹太人能够藏匿财物的唯一地方。

接下来是将人皮做成灯罩，头发做成褥垫，脂肪做成肥皂，将死者假牙上的金子熔化后存入德国国家银行或瑞士银行。

最后的一个程序是将尸体扔进壕沟。壕沟有许多条，每条长数百米不等，一般就建在毒气室旁。因为中了毒，这些尸体数天后便会肿胀，消肿后，尸体被堆在铁路枕木上，加上柴油，烧成骨灰。

纳粹分子就是这样残忍和贪婪，一面残杀犹太人，一面掠夺死者的财富，甚至利用尸体赚钱！

据有关资料统计，仅1942年，在奥斯威辛集中营的比克淄区西部就建造了30处木板房。木板房刚一造好，里边就堆满了东西。木板房的周围，没经清理的物品堆积如山。

据有关材料证实，抢劫来的物品装满350个仓库，在纳粹分子撤离期间，他们仅来得及烧毁29个仓库。从剩余的仓库中，人们发现这里有约800万件女人衣服，350万件男人西服，40.4万双鞋，14000张地毯和其他物品。

比克淄被苏联红军解放后，在仓库里发现了7000千克女人的头发。它们分成293捆，经专家鉴定，是从14万名妇女头上剪下来的。

此外，还有大量牙刷、须刷、眼镜、假牙和犯人用的各种器皿；还发现了大批犯人的服装：衬衣、婴儿被服、裤子、大衣和帽子。

经检查，衣服、鞋或其他物品有着法国、比利时、匈牙利、南斯拉夫、捷克斯洛伐克和其他国家工厂的商标，而在手提箱上还可看到贴有欧洲各地旅馆的标签。

从搜查到的集中营文件中可以看出，从1944年12月1日至1945年1月14日，仅奥斯威辛送往德国的就有92000多套服装，29万多件女人衣服，22万多件男人衣服。

这些衣服和其他物品都送给了德国"国家社会主义社会教学法集训组织"或各个市的市长，再分发给国内的居民。居民们虽然十分清楚这些物品

的来路，但仍然照样使用。

昭彰罪恶，天理难容！

1941年12月7日，希特勒亲自下令颁布了一项名称奇怪的命令——"夜雾命令"。

这项命令的目的在于逮捕一切"危及德国安全"的人，逮捕以后并不立即杀害，而是要让他们丝毫不露痕迹地消失在第三帝国的茫茫夜雾之中。

1941年年底，"夜雾命令"的出台，使德占区的盖世太保和保安处取得了一把尚方宝剑，恐怖势力因有了这把尚方宝剑而得到空前加强。

除了对犹太人的疯狂迫害外，盖世太保还对地下抵抗运动进行了残酷的镇压。所有的人，从成为盖世太保的"客人"那一天起，便意味着人间地狱的到来，等待他们的是非死即残的命运。

被捕者交由盖世太保来审讯。毫无疑问，他们将在肉体上遭受折磨。

让被捕者开口说话的方式是千篇一律的：跪尖桩、反吊、拳打脚踢、鞭打，此外还有挫牙齿、拔指甲、火烫，甚至用通电电线接身体的敏感部位……盖世太保的变态狂们，甚至对妇女采取卑劣的行径更感兴趣……

在整个第二次世界大战期间，到底有多少人无声无息地在希姆莱领导的机构的魔爪中消失，已经无法得出一个准确的数字，我们只能说：

千年易过，希姆莱的罪孽难消！

104

背叛第三帝国

难恕滔天大罪

希姆莱是"7·20"事件（谋杀希特勒）的最大受益者。

这次事件之后，希姆莱几乎没有了与之抗衡的对手，成为第三帝国最重要组织党卫队的主宰，统帅着38个师的武装党卫队。他权掌内政部，作为新的补充军总司令，他还指挥着国内的全部准军事力量。

在德国，除了希特勒，谁还有如此巨大的权力呢？

1944年年底，希姆莱走到了他一生权力的顶峰，许多国家的报纸都把他称为德国的独裁者。

希姆莱巧取豪夺的能力是人所共知的，那么他统兵率将指挥作战的能力怎么样呢？

"7·20"事件之后，希姆莱这个新的补充军总司令按照希特勒的命令，从工厂、学校七拼八凑地开始拼凑50个师的兵力。希姆莱最初也是很有成绩的，两个月时间就征集到了50万个新兵，他还制订了保卫德国的逐屋战争到底的疯狂的作战方案，并为将来的纳粹游击队设计了一个"狼人"计划。

但是，希姆莱指挥作战的无能也很快就暴露了出来。他根本不是率兵御敌的材料。最先窥视到他的这种无能的便是"副元首"鲍曼。

就在希姆莱权力擎天的时候，第三帝国正在加速灭亡。这一年的11月，盟军在寒冷的朔风中进入了阿尔萨斯，迫使德军的第十九集团军退缩到莱茵河左岸。德国急需要在莱茵河的右岸地区有一个兵团挡住气势正盛的盟军。

新的兵团说成立就成立了。这时候鲍曼站出来，向希特勒建议，任命希姆莱为这个集团军的总司令。一直想做大将军大元帅的希姆莱欣然接受了。

然而，希姆莱根本就不是苏联红军将领朱可夫的对手，一经交手就立刻败下阵来。

1945年3月，希姆莱十分尴尬地被撤掉了集团军总司令的职务。这是希姆莱第一次遇到挫折。

4月16日，苏联红军突破了奥得河防线和劳齐茨防线，向柏林进军，希姆莱明白德军是无论如何也顶不住了。对帝国命运有清醒认识的希姆莱，开始考虑保全自己及家人的逃命方法，或者是保住此时的权势与地位。

异想天开的希姆莱认为，自己可以成为促成和平、领导摆脱希特勒的战后德国的合适人选。希姆莱作出了一项惊人的决定——向他毕生崇拜的偶像和主子、第三帝国的神话——希特勒告别。

希姆莱决定由布达佩斯拯救犹太人委员会经过美国联合分配委员会接头，直接通往华盛顿白宫，并争取德国和西方盟国之间的单独媾和。

党卫队全国领袖急不可待地催促同自己接触的犹太人尽快敞开通向西方的大门。

1944年8月21日，在瑞士边境的圣玛加勒滕，党卫队一级突击大队长贝歇尔同美国联合分配委员会代表、瑞士银行家扎利·迈尔进行第一轮会谈。

迈尔坚持只有在希姆莱公开宣布停止屠杀犹太人，并给"示范列车"的全部乘客放行之后，才好继续谈下去。

贝歇尔把迈尔的声明夸大其辞地向犹豫而又恐惧的希姆莱进行了汇报。

9月底，美国总统罗斯福派教友会领袖罗斯韦尔·麦克莱伦作为他的私人代表到瑞士，参加美国联合分配委员会的谈判。

这正是希姆莱盼望了几个月的消息。

希姆莱立即作出反应。9月30日，他让人通知布达佩斯拯救犹太人委员会，已批准从即日起停止在奥斯威辛的"行动"。

10月，希姆莱又作出决定，同意将"示范列车"残存的犹太人送往瑞士。

美国人很快就领会了希姆莱的盛情。

麦克莱伦同贝歇尔进行了会谈，美国驻伯尔尼公使馆请求瑞士当局立即给希姆莱的代表团办理入境护照签证。

1944年11月5日，教友会会员和党卫队队员在苏黎世博化维尔的萨瓦饭店会晤。

希姆莱高兴地看到他的努力有了结果，他认为这是他目前为止所取得的最重要的成果。

希姆莱把"最后解决"执行人艾希曼从匈牙利召了回去。

12月，布达佩斯"示范列车"的残余犹太人到达瑞士，可是进一步的谈判由于犹太人组织不愿以金钱和货物来酬答希姆莱的姿态而搁浅。

尽管如此，瑞士的谈判却给另一位党卫队重要人物以启示，因为此人长期以来一直试图动员希姆莱反对阿道夫·希特勒。他就是瓦尔特·施伦堡。

从1943年以来，施伦堡一直在竭力争取希姆莱，支持一项大胆的行动以

希姆莱（右二）是第三帝国党卫队的主宰

结束战争，并使党卫队幸存下来进入一个没有希特勒的战后时代。

施伦堡和希姆莱有着同样的妄想：犹太人可以引导党卫队进入盟国阵营，因此施伦堡十分热心地四处寻找熟识的国外重要犹太人士。

施伦堡跟在蒙特勒的美国犹太法学家协会在瑞士的代表——施特恩布赫兄弟进行了接触。

施伦堡向他们提出，他可以帮助拯救犹太人。

施特恩布赫兄弟与瑞士联邦老总统让·马里·米西博士有联系，米西表示愿意去德国同希姆莱商谈犹太人的命运。

希姆莱开始有些犹豫，但很快他就表示准备逐步释放德国在押犹太人，并让他们离境去瑞士。

施伦堡在回忆录中说道，希姆莱当时曾当着他的面口授打印一项指示，命令卡尔登布鲁纳保护集中营的犹太人生命安全。贝歇尔在纽伦堡审判中，回忆了他所记得的这项命令的内容：

◆ 德军集中营

即日起，我禁止消灭任何犹太人，命令对体弱和患病的人给予护理。

希姆莱跨出了远离纳粹的重大一步。

随着纳粹帝国的迅速崩溃，希姆莱也加紧了与西方盟国的请和过程。在1945年4月20日希特勒生日之后，希姆莱异想天开地自命为希特勒的接班人而与西方讲和。

希姆莱的秘密活动先是被英国外交大臣安东尼·艾登得知。艾登将此情况透露给了英国情报局的负责人杰克·威诺卡姆，此人又告诉了路透社的保尔·斯科特·兰金。

保尔·斯科特·兰金立即从美国西海岸的旧金山向伦敦发报。

1945年4月28日傍晚，英国广播公司广播了这一消息。

24小时后，纳粹宣传部的一名官员给领袖避弹室送来了这个消息。

"狼穴"里的人都被这则消息惊呆了。对这里的每一个人来说，这一消息无疑是一个致命的打击。一时，群情哗然，男男女女都因震怒、恐惧和绝望而齐声嚎叫起来。

这确实让人难以置信，海因里希·希姆莱，这个一贯忠诚的党卫队领袖，也遗弃了这艘即将沉没的船。

希特勒所受的打击最重。他从未怀疑过希姆莱的忠诚，眼下，他气得满脸通红，五官都变了形。他呼天抢地大骂了一通之后，突然失去了知觉。

整个地下室一下子变得鸦雀无声。

"一个叛国者绝不能作为我的继承人！"希特勒醒过来所做的第一件事，就是召来了空军元帅冯·格莱姆，命令他无论如何要把希姆莱逮捕。

但是，希姆莱早已远离了柏林，希特勒根本没法报复这个背叛他的党卫队领袖。

1945年4月30日，希特勒向他的女秘书口述了他的遗嘱。

希特勒的遗嘱是两个文件。

第二份文件中，希特勒谈到了他对希姆莱的判决：

在我行将去世之前，我将党卫队全国领袖兼内政部长和国家社会主义党党员海因里希·希姆莱开除出党，革除他的一切职务。

戈林和希姆莱不仅对我不忠，而且背着我擅自与敌人进行秘密谈判，阴谋夺取政权，从而给整个国家带来了无法弥补的耻辱。这是背叛，大逆不道，他们是与国家为敌的罪人。

1945年5月10日，希姆莱悄悄离开弗伦斯堡，向石勒苏益格—荷尔斯泰因东海岸的马恩进发。

一路上，希姆莱一群人狼狈不堪。为了躲避盟军的搜捕，他们有时在火车站寄宿，有时则露宿旷野。

在这条路上，希姆莱还在考虑的是如何通过和盟军谈判保住他的地位以及他留在德国南方的两个家，即妻子与情妇的命运。

希姆莱这支队伍到了易北河口时，不得不把汽车丢弃。为了避人耳目，这些人全部化装成交通警察。希姆莱还在他的左眼上蒙着黑色布条，身穿深色平民上衣。他的护照上写的是海因里希·希特齐格尔。

海因里希·希特齐格尔实有其人，不过他早在"7·20"事件中成为希特勒报复的牺牲品。

利用死者的证件是非常危险的。作为德国的特务头子，如此轻率地使用假证件，表明大部分纳粹头头并没有逃跑的准备，因为他们始终认为政治军事局面还会发生变化。

这一行人混入了逃难的人群中，渡过了易北河的小港湾。之后，他们开始步行逃亡。

1945年5月21日，在走了约150千米后，他们来到不来梅港。

在这里，希姆莱一行被英国人设的关卡拦住。一名士兵对他们的身份证产生了怀疑，因为这些身份证太新了，不像是逃难的人所持。

于是，英国士兵将他们扣押，监禁在菲林布斯台尔的兵营里。

5月23日下午14时，一辆汽车将这些形迹可疑的人运到威悉河畔靠近尼恩的科尔哈根031号兵营。

两个小时内，这些人中有三个人提出要同兵营里的负责军官谈话。

塞尔维斯特上尉接见了这三个人。

三个人中身材最为矮小的一个人取下他的黑色蒙眼布条，戴上眼镜，说："我是海因里希·希姆莱。我有紧急的事情要与蒙哥马利元帅谈！"

塞尔维斯特上尉将情况向他的上级作了汇报。

在等待答复的时候，上尉拿给希姆莱一套英国军服。

希姆莱拒不接受，因为他害怕穿着这身衣服被拍照。但最后还是被迫作出了让步，穿上了英国人送给他的一件衬衣、衬裤、短统袜。

希姆莱（右一）离开弗伦斯堡

几名士兵对希姆莱的衣服进行认真仔细的检查，从他上衣的衬里里发现了一瓶毒药，此外没有别的。

一个想法在塞尔维斯特上尉脑中挥之不去，他总觉得希姆莱身上可能还有毒药。于是，上尉派人找来一些面包和茶给希姆莱吃喝，借以观察希姆莱有何可疑之处。

在希姆莱吃饭时，塞尔维斯特一直盯着他，但是，他没有发现任何可疑之处。

希姆莱表现得很规矩，吃完饭后，他又按上尉的要求去洗澡。这之后，希姆莱似乎又恢复了活力，甚至有些近乎活跃。

塞尔维斯特一步不离地整整盯了希姆莱八个小时。这期间，希姆莱总是一再打听有关他的同伙的消息，似乎对他的这些手下的命运很是关心忧虑。

晚上，蒙哥马利元帅情报部门的负责人迈克尔·墨菲上校来了。

墨菲决定用汽车将希姆莱带到离031号兵营约15千米远的第二军团总部，并由情报部门的官员押送。

到达目的地后，希姆莱被交给上士埃德·奥斯丁看管。在旁边的办公室里，墨菲听塞尔维斯特汇报情况。

墨菲问："我想你们是对他搜查过了，在他身上可有毒药？"

"是的，"塞尔维斯特上尉回答，"在他上衣里子里，有一小瓶毒药。此外，再无发现。"

"我希望是这样。"墨菲说，"可你们想过要在他嘴里仔细搜查一下吗？没有吧？那好，马上检查他的嘴。他放在口袋里的毒药很可能是为转移人们注意力用的。"

有人当即把希姆莱叫了过来，命令他张开嘴。

希姆莱张开嘴巴，在囚室的暗淡光线里，医生发现希姆莱的牙齿间有黑色的东西闪亮。

医生叫希姆莱将头对着光亮。

这个时候，希姆莱突然扭过头，合上嘴巴，牙齿发出"喀喀"的咬嚼

声。

墨菲的猜测被证实了，在希姆莱的牙齿间果然藏着一个装有氰化钾的微型胶囊。

只不过一秒钟的工夫，希姆莱的身子就僵直了。只见他的眼睛开始缩小，脸上的肌肉上下抖动着。过了片刻，他就重重地栽倒在地上。

虽然医生采取了急救措施，但一切已为时太晚。12分钟后，希姆莱一命呜呼。

两天后，"魔王"希姆莱被葬在吕纳堡荒原。

豺狼陷阱

第二次世界大战主要悍将

山本五十六

　　山本五十六，日本帝国海军大将。1939年9月，山本被米内光政任命为海军联合舰队兼第一舰队司令官。1941年，山本成功地策划了偷袭珍珠港，使美国遭受重大损失。此后，山本曾想继续对美国进行奇袭，但由于美军破译了日军的密码，屡遭败绩。1943年4月，美军根据情报，派出战斗机将山本乘坐的专机击落，山本在这次袭击中丧生。

豺狼陷阱

进入海军学校
接受武士道熏陶

山本五十六原姓高野，1884年4月4日生于新潟县长冈市古志郡竹泽村一个破落的士族家庭。

父亲高野贞吉在戊辰战争时曾任洋枪队小队长，战争结束后，回到故乡长冈，在柏奇县政府工作，后转任古志郡一个小学校长。

高野贞吉是由长谷家族入赘高野家的，最初与高野家的大女儿成婚，生下让、登、丈三、留吉四个儿子。其妻病死后，又与妻妹峰子成亲，生下嘉寿、季八和五十六。五十六是他的第六个儿子，时年高野贞吉56岁，故取名高野五十六。

高野五十六从小就受到军国主义和武士道精神的熏陶。他的父母经常给他讲述祖父高野贞通和养祖父山本带刀的故事。

高野五十六的祖父在77岁高龄时，仍参与战斗，并坚持与夫人留下守城，并用6支祖传的火枪毙敌数十人后阵亡。

高野五十六的养祖父山本带刀在战斗最激烈的时候接替了身受重伤的河井继之助的总指挥职务，指挥队伍顽强抵抗。战败后，山本带刀被俘，不降被杀，年仅24岁。

祖辈忠勇刚烈、战死疆场的武士道精神，在高野五十六幼小的心灵中打下了深深的烙印。

少年时代的高野五十六家境贫寒。戊辰战争结束后，明治政府颁布了一系列法令，废除了武士阶层的封建特权和食禄制度。武士们过去不从事生产劳动，缺乏基本的生活技能，大多数武士生活水平急剧下降。

高野家在明治维新前俸禄是120石，在长冈镇算得上中上家庭。戊辰战争中，高野家两死三伤，财产付之一炬，家境一下子败落了。

战争结束后，仅仅依靠政府发放的金禄公债勉强度日。

然而，祸不单行，高野五十六的大哥高野让主持的农场在一场火灾中化为灰烬，让只得用全部家产赔偿，其女高野京子被迫放弃学业，到东京帝国大学医院当了一名护士。

生活在这样一个破败的士族家庭中，高野五十六从幼年就开始参加一些力所能及的劳动，如照看菜园、打扫庭院，和大人一起捕鱼。艰苦的生活磨炼了高野五十六的意志，造就了他沉默寡言的性格。

1890年3月，高野五十六进入阪上小学，开始了学校生活。

他聪明、勤奋、好学，学习成绩一直很好，每年都能得到学校的奖励。小学毕业那年，得到学校的优等奖以及教育奖励会樱花银质奖牌一枚。

1896年4月，高野五十六升入长冈中学。这是一个有着特殊背景的学校，学校的老师大部分是旧长冈藩的武士，学生则是士族子弟。当时，无论是学校老师还是社会上的武士都认为，要改变长冈的地位，最有效的手段就是用他们的武士精神培养优秀人才。

1875年成立的长冈社，就是一个武士发起以育英为目的的团体，专门资助那些家境

山本五十六戎装像

117

贫困但品学兼优的有用人才。

高野五十六的情况十分符合长冈社的标准，因而得到了长冈社的资助，每月一日元。资助的数额虽小，但高野五十六觉得受到了莫大的精神鼓励，他几乎放弃一切娱乐，努力学习。

在上中学的几年中，大部分教科书都是自己抄写的。五年的时间，他只穿一套校服，回到家马上脱下，换上母亲做的土布衣服。

高野五十六寡言少语、朴素实干，有一种超乎常人的不达目的誓不罢休的顽强品格；同时，又待人真诚，乐于助人，被称为"长冈武士的榜样"。

进入长冈中学后，高野五十六受到更加浓烈的武士道精神教育，开始更多地关心外界事物，爱好也更加广泛。还经常利用学校的单杠、木马等体操用具进行体育锻炼。

有人说他是7岁的秀才，到了15岁就成了蠢材，但他从不为自己辩解。沉默而显得有些木讷的他，在军国主义思想的熏陶下，已经暗中选定了自己的目标，即当一名拓展日本帝国疆土的海军军官。

1901年，高野五十六中学毕业。据其老师后来所说，个子矮小瘦削、寡言少语、老实朴素的高野五十六，最后成绩在全班40名学生中，名列第五，其中

山本五十六

品行课得96分，为全班最高成绩。

接下来，高野五十六就要为自己报考海军学校作出努力了。

为了能够考上海军学校，实现自己的愿望，高野五十六专门跑到他姐姐家，躲在一间小屋里复习。

他的姐姐嘉寿子嫁给了旧长冈藩的藩士、学校教员高桥牛三郎。他只有这一个姐姐，比他大18岁。

高野很小的时候，就非常讨姐姐的喜欢，嘉寿子自出嫁后一直没有生孩子，因而对他更是爱护备至。

在听说他要来她家准备考试后，非常支持他的选择，并迅速清扫了一个多年不用的房间供他使用。

经过几个月的准备，1901年7月9日，高野五十六顺利通过考试。在得到录取通知以后，高野五十六异常高兴。

当有人问他为什么去当兵时，他决然回答说：

武士家的孩子成为武士岂不是理所应当。

1901年11月，高野五十六来到了他久已向往的江田岛海军兵学校。江田岛位于濑户内海的南端，东与日本著名的军港吴军港隔海相望，在行政上属广岛县管辖，距神户大约有150海里。

海军兵学校是日本军国主义培养海军军官的摇篮，创立于明治初年。明治维新后不久成立的明治政府，在西方列强日益渗透的压力之下，为维持民族独立提出了"富国强兵"的口号，并以此为国策，首先进行了全面的兵制改革。

在这一过程中，明治政府认识到，作为岛国的日本，海军的有无和强弱对其生存和发展有着无比重要的意义，而兴建海军的当务之急，是开设军校培养军官，因此下令军务官筹办海军学校。

1869年9月，兵部省为培养日本海军军官，在东京筑地旧广岛藩邸创建了

海军操练所，作为统一的海军教育机构，并令鹿儿岛、山口、佐贺等16藩派出18至22岁的青年前来学习。

1870年2月，海军操练所改称海军兵学寮，此即海军兵学校的前身。在海军兵学校组建初期，由于日本在军制上是陆军取法国式，海军取英国式，因此从英国招聘了许多有经验的海军教官，依靠他们使其海军教育走上了正轨。

1876年，海军兵学寮正式改称海军兵学校。

日本在建立近代军队和军事教育体系的过程中，继承了封建武士道的精神传统，向军队灌输绝对尊崇天皇的思想。

所谓"武士道"，本是封建武士的道德规范，忠君爱国是其根本，它强调杀伐为荣，宣扬自我牺牲精神，甘为主子卖命。

武士为了殉主之死，或者为了挽回因打败仗而招致的耻辱，必须勇于剖腹自杀，以表示对其主子的绝对忠诚。至近代，日本统治集团继承这一精神传统，并百般加以美化，冒充日本民族的固有精神，强加给广大士兵和人民，致使军国主义武士道精神的反动性和野蛮性愈益突出，达到了无以复加的地步。

在日本海军兵学校，武士道精神得到彻底贯彻，被称为"江田岛精神"。

每到重大节日，学校都要组织学生举行升军旗仪式，向天皇的照片行叩拜之礼。每个星期都要朗读、背诵一遍天皇的《军人敕谕》；为了磨炼学生"意志"和适应任何环境的能力，除了正常的军事课程之外，学校经常举行残酷的训练，各种剑术、柔道、相扑更是不可或缺。学校的目的是把学生培养成为天皇拿枪的奴隶。

一名英国人在谈到他对日本海军兵学校的印象时写道：

在日本的青年中选择那些出类拔萃者，在这里接受世界上严酷无比的艰苦训练，他们的身心在经过只有十分顽强的人才能经受住的锻炼后，被培养成具备古代武士道德的现代海军军官。

因此，从海军兵学校毕业的年轻人，既有一副能经受一切艰

120

难困苦的身体，也有一种不屈不挠的精神。为了天皇和祖国，他们可以不惜一死。

高野五十六所向往的海军兵学校正是这样一所训练战争贩子的学校。他入校的成绩，在同年入校的三百多名新生中名列第二。

据档案记载，他的各科成绩分别为：代数79分，几何97分，算术100分，三角95分，汉语70分，作文90分，英译日78分，日译英71分，语法62分，总计749分。

高野五十六在海军兵学校学习的三年，正是日俄矛盾日益尖锐激化的时期。1900年，俄国借出兵镇压中国义和团运动之机，占领了中国东北全境，其中包括几年前日本被迫退出的辽东半岛。

这自然不能为日本所容忍。

日本全国上下一致要求驱逐沙俄，单独霸占中国东北，于是日本政府马上开始了对俄作战准备，日俄之战已势不可免。

笼罩在日本国土上的日俄战争风云，激励着年轻的高野五十六发奋用功。在高野五十六同年级的学生中，可谓"人才济济"，后来就有四人升任大将、三人升任中将。

就在这样一个群体中，高野五十六仍以其刻苦、严肃获得了声誉，被人称为"顽强的五十六"。

三年级时，他是第九分队的队长，在学校进行的黄海海战和攻占旅顺的各次模拟训练中，均获得优异成绩。

在海军兵学校，他与堀悌吉结成了莫逆之交，这对其后来的发展也有较大的影响。

在海军兵学校的三年，军国主义武士道的"江田岛精神"在高野五十六身上打上了深深的烙印。

贫穷的学生生活和特殊的家庭背景，造就了高野五十六特殊的性格，盲目的忠君思想和武士道精神，造成了他人生的悲剧。

改姓名门姓氏
提高自身身价

1904年，21岁的高野五十六从海军兵学校毕业。以少尉候补生的身份，到战舰"日进号"上任职，随即参加了日俄战争。

日俄战争结束后，高野五十六在海军中的职位不断上升。1907年任中尉，1909年任大尉，成为训练舰队宗谷分队的指导官，对实习的少尉候补生进行指导。

1910年12月1日，高野五十六被海军大学录为将校科乙种学生，学习舰炮、水雷和航海。

1914年，高野五十六再次被海军大学录为将校科甲种学生。

1915年，高野五十六被授予四等瑞宝勋章，升任海军少佐。经过战争洗礼和高等教育的高野五十六，已经在各个方面渐趋成熟。他依旧沉默寡言、不露声色，但对任何重大问题都能做到反复琢磨、深思熟虑、独立思考，一旦作出决定，即果敢行动，给周围的人留下极其深刻的印象。

这一时期，高野五十六的生活中发生了两件较为重要的事：一是改姓山本；二是与三桥礼子成亲。

高野五十六的故乡长冈是一个武士道精神盛行的地方，有着悠久的封建历史和浓厚的封建思想残余。戊辰战争以后，长冈在国家中的地位一落千丈，常成为人们的话柄。长冈武士为此感到耻辱，他们时刻准备重整旗鼓，再振长冈。

武士们认为，要为长冈振名声，最好的办法就是培养出身名门世家的大人物。于是，长冈人一致把目光对准了崭露头角的高野五十六。由于高野

第二次
世界大战
主要悍将

五十六门户一般，不能从声望上代表长冈，而长冈最有名的望族山本家又在戊辰战争之后后继无人。一些人便开始策划高野的改姓活动，以让高野五十六继承长冈武士名门山本家的遗业。

至1915年，高野五十六少佐即将从海军大学毕业，他们看到了希望。因为除了高野本人是一名很有前途的海军军官外，他还是与山本家的中兴之祖山本老于齐结为刎颈之交的高野荣轩的子孙，继承山本衣钵者几乎非他莫属。

藩主牧野为恳请高野五十六再兴山本家，绞尽了脑汁，付出了异常的努力，并动员曾担任高野家长老的田中浪江、山本家的旧臣渡边廉吉等人一同来做高野的工作。

此时的山本家，经过明治维新的冲击，庞大的家产早已被政府没收，作为可继承的财产只有一套褪了色的破旧麻质武士礼服和位于长冈市稽古班长兴寺的山本家荒凉的墓地。

然而聪明的高野五十六并没有计较这些，他考虑到高野家和山本家历代的关系，更重要的是，满脑子充斥着武士道思想的高野五十六，认识到继承山本遗魂，对其将来的发展会产生不可估量的作用。

因为它符合日本近代天皇制利用封建残余加强统治、对外实行扩张侵略的需要，以他的话来说就是，继承长冈第一名门是长冈藩士的天命所在。几经考虑，他答应了牧野的请求。

1916年5月19日，经过精心准备，在长冈藩最有纪念意义的长冈城落成纪念日，举行了高野五十六改姓山本的仪式。在其五哥高野季八主持证明下，高野五十六作为山本家的后嗣，改名为"山本五十六"。

改姓后，山本五十六所做的第一件事是在藩士们的簇拥下，厚祭山本家历代祖先，清理自戊辰战争以来已经荒废了五十多年的山本家墓地；接着他又修心静身，于当日用了一个通宵将山本家祖先自庆长以来的各代法号、戒名全部书写了一份，并于第二天在长兴寺大作法事道场，以资纪念招魂。

改姓之后，山本五十六这个长冈武士的后代无形中又增加了一种荣耀，

长冈遗魂以及一些旧武士倡导的军国主义色彩极浓的"长冈精神""常在战场"的遗训，刺激着他为了不辱山本名门之"声誉"更加竭尽全力，勤学苦练，忠于职守。

在山本五十六武士战袍加身后的第二年，即1918年，35岁的山本五十六

山本五十六

与三桥礼子结婚。

三桥礼子出生在一个普通的家庭，身高1.54米，身体结实，吃苦耐劳。

据山本五十六的至交、曾任海军中将的堀悌吉说，山本的妻子在日本这样的国度里，堪称是个贤妻良母，是日本名副其实的一流女性。

但是，两人婚后的生活有许多不和谐的地方。

升任高级将领后，每逢山本看到部下在船舱内摆着妻子的照片，就深有感触地说："你们是经自由恋爱而结婚，情投意合，多好啊！我是无可挽回了！"

悔意溢于言表。

这种想法并非因为山本地位变了才有的，而是一开始就隐藏着一些矛盾。从山本订婚时的情形看，他同意这桩婚事，主要是因为女方出身劳动家庭，体魄健壮，能够吃苦，而且生于祖辈曾经流血牺牲的地方，至于个人性格等因素却未过多考虑。

婚后两人经常吵架，一遇到闹别扭，山本总是蒙头大睡，渡过难关。家庭的矛盾和枯燥的军人生活，促使山本五十六在婚姻以外寻找感情寄托。

在他的一生中，曾与许多艺妓保持长期的密切关系，其中关系最密切的就是千代子。在山本五十六荣任联合舰队司令长官时，曾秘密携带其一同前往。

即使大战爆发以后，山本五十六也总是找各种机会与之幽会，甚至为讨其欢心，还曾谎称治病，背着千代子在大街上走。

千代子对山本也是感情笃深，在战火纷飞的年月里给了山本五十六莫大的安慰。

留学美国深造
关注海空发展

山本五十六从日本海军大学毕业后，在海军省军务局就职。1919年他被派往美国留学研修，进一步深造。

1921年，山本五十六结束了在美国的研修生活，回到日本。最初山本被任命为军舰"北上"舰的副舰长，到中国沿海一带活动，后被任命为海军大学教官，教授军政学。

在海军大学担任教官的一年多时间里，山本五十六得以摆脱艰苦的海上生活，消化美国之行的收获。但海军当局给他的时间并不多。

1923年7月，他又奉命考察华盛顿会议后的欧美现状，踏上旅欧之途。

参察完欧洲之后，山本五十六又来到美国，考察美国海军军备情况，并视察了日本投资经营的奥伦治油田。回国后，他曾大力游说日本石油公司向美国进军开发油田。

作为一名校级军官，长期的海外生活，拓展了他的生活和视野，使他更加关注世界军事技术的每一项，并使他最终走上为之献身的军事航空事业。

1934年9月7日，山本五十六被任命为伦敦海军裁军会议预备会议日本方面的海军首席代表。山本五十六的伦敦之行，不过是日本统治集团利用"顽强的山本"，对英美实行愚弄和欺骗而已，因为他们期望山本既能使日本达到废除条约的目的，而又不背上舆论和道义上的不利压力。

山本五十六在谈判桌上的高超技巧，赢得了国际、国内法西斯的一致喝彩。回国后日本海军当局还为他举行了归国报告会。

通过裁军谈判，山本五十六对世界海军大势的发展非常明了，他认为当

时日本的国力与美国相差很远，所以不能卷入和美国无限制的造舰竞赛。

他在给一个朋友的信中写道：

> 不可否认，我帝国之国力较之美国确有天壤之别，吾等深感日本帝国是到了谨慎自重、发奋图强的时候了。
>
> 可以想象，第一次世界大战前的德国，如果再忍耐50年的话，它当今也能与强国相匹敌。前车之覆，后车之鉴。
>
> 今天我们日本帝国必须冷静自重，积蓄力量，盛国强兵。尽管此次谈判已毫无胜利可言，但只要我们能清醒地意识到上述各点，并使之付诸实施，将不愁英美拜倒在我们的麾下。

最后他满怀信心地说：

> 对海军来说，至为重要的也是谨慎自重，艰苦努力，当务之急就是无论如何也要迅速发展海上航空兵。

山本五十六，这位刚在伦敦海军裁军会议预备会议上提升的海军中将，已经成为日本国内家喻户晓的人物了。

这一时期日本的国内局势动荡不安。在大资产阶级的扶植、纵容下，日本法西斯运动达到了疯狂的地步。日本军部在中国发动"九一八事变"成功后，法西斯分子深受鼓舞，便开始在国内实施暗杀政变等手段，企图建立法西斯独裁统治。

1932年，他们迫使政党内阁倒台，军队内的法西斯分子也分裂成"皇道派"和"统制派"。两派相互残杀，并于1936年2月26日制造了大规模的流血事件——"二·二六"事件。

大约1500多名"皇道派"官兵打着"天诛"的旗号，对统制派实行突然袭击。杀戮持续了近四天，统制派遭到了残酷的清洗。

127

81岁的藏相高桥是清、内大臣斋藤实、天皇的侍从长铃木贯太郎、首相冈田启介等重要人物均遭袭击。铃木和冈田侥幸活命，高桥和斋藤实被杀。

1936年2月29日，天皇下旨平息叛乱。得到大财阀支持的法西斯统制派趁机剪除异己，控制了政府。事变后的广田内阁，实际上是军部的傀儡。在法西斯主义分子的操纵下，广田内阁加快了侵略扩张步伐。

8月，通过了《国策基准》，决定"在确保帝国在东亚大陆地位的同时，向南发展"。

11月，日本和德国签订《反共产国际协定》，把矛头指向美国。

国内局势的变化使刚被任命为海军航空本部部长的山本五十六忧心忡忡。他对过激分子的行为十分反感。在"二·二六"事件爆发之初，曾有人到航空本部动员海军参加，结果被山本赶出办公室。

事件发生后，山本曾说：

如果陆军做得太过分，使叛乱势态继续恶化下去，海军也准备出面干涉，最终难免同陆军兵戈相见。

这虽然是一时气话，不过也反映了他的态度。

山本五十六反对过激分子的行为，并不意味着他主张世界和平。事实上，在效忠天皇、对外扩张方面，他同日本其他法西斯分子的思想是一脉相通的，只不过他比一般人看得更远，考虑得更周到罢了。从这个意义上说，他是一个更具危害性的法西斯战争贩子。

山本认为，就日本的国力而言，打一场同世界强国之间的战争，条件还不成熟。如果非打不可，那么绝不能依靠巨舰大炮与之海上决战，唯一可以扼制敌人的办法就是依靠飞机打击。

他曾设想，在一般情况下，如果具有强大优势的美海军横渡大洋攻击日本，日本海军可以使用一种大型的远程陆基战斗机对之进行轰炸拦阻，不断削弱其力量。当他们到达日本近海时，力量就被削弱到与日本舰队差不多，

甚至劣于日本舰队。

后来的战争发展表明，在美国舰队攻击日本本土时，日本采用的就是这种战略。

出于这种思考，山本五十六竭其所能发展空军力量。在任航空本部技术处长时，他就开始对飞机进行技术改造，生产全金属高性能飞机，并提出"国产化"的口号。

1933年，他主持设计成功远程陆基机"八式特种侦察机"，1934年成功地改造为"九式中型陆基轰炸机"，1936年投入大批量生产，被称为"九六式陆基轰炸机"。这种飞机在当时世界各国中，技术和攻击力堪称一流。

山本五十六在任航空本部部长期间，每月至少要到三菱重工业公司和名古屋的飞机制造工厂去访问一两次，并且想方设法争取三井、住友和日立三大公司参与航空工业的发展。

此外，他还经常到曾经工作过的霞浦海军航空队探视，给予海军航空事业高度关注。

其间曾经发生许多有趣的事情。当时，由于技术和人员素质方面的原因，航空队事故发生率很高，航空队副队长桑原雄虎对此一筹莫展。这时，有人向他推荐了一名看相先生，说是能够分辨哪些人适合驾驶飞机，桑原向有关方面提出建议，结果引起一片嗤笑。只有山本表示大力支持。

高桥是清（左一）与斋藤实（左三）

129

事实证明，这种看相的方法实际上是一种经过长期观察积累的经验，在当时科技尚未发达的情况下，不失为一种办法。结果，这位看相先生被正式任命为海军航空本部顾问。

这件事既表明了山本对部属的关心，也说明了山本在某些方面与常人想法不同，几乎完全凭直观的判断。

在山本五十六的心血浇注下，日本海军航空飞速发展，日本的飞机生产能力跃居世界第二，空军战斗力也迅速提高。

1937年8月，为配合陆军大规模侵华，日本海军发动"八一四"空战，虽然遭到失败，但其跨海作战的能力令世界瞩目。

值得庆幸的是，山本的航空打击和空海军思想并未被海军首脑所接受。

早在1934年10月，日本海军军令部就确立"帝国海军第三次造舰补充计划"，决定建造配备18英寸大口径火炮，总吨位达72000吨的巨型战舰"大和号"和"武藏号"。

山本对此激烈反对，但他的建议未被采纳。

"二·二六"事件以后，广田弘毅组阁。他任命海军大将永野修身担任海军大臣，取代了大角岑生的位置。永野修身是一位很有才华的海军大将，但是过于自负，极易冲动。山本对他常抱轻蔑态度，然而永野对山本却十分推崇。

早在他出使参加伦敦裁军会议时，就曾邀山本参加，遭到了拒绝。担任海军大臣后，他首先选中山本五十六担任海军省次官，山本再次拒绝。永野不高兴地问山本是否对他抱有成见，存心不予配合。在这样的情况下，山本五十六不十分情愿地答应了担任海军省次官职务。

尽管山本五十六对海军省次官的职位不感兴趣，但担任此职却为他推行自己的主张提供了条件。他一方面全力协助永野修身整饬海军；另一方面极力鼓动永野与陆军抗衡。

使他失望的是，永野在对待陆军问题上经常表现出软弱。1937年1月，国会中残存的政党势力指责军部干预政治，并指名陆军大臣寺内寿一应当切

腹自杀。陆军态度十分强硬，提出政党要进行反省，内阁召开会议，解散国会。在军部的干预下，广田弘毅内阁于1月23日瓦解，永野修身只好离开海军省。

为了加强海军的地位，山本说服永野推荐米内光政任海军大臣。于是，在林铣十郎大将的内阁中，米内担任海军大臣，山本继续任次官，开始了海军省的米内—山本体制时代。米内对山本十分信任，不仅因为两人曾同在炮术学校学习，并结下深厚友谊，更因为思想观点甚至性格都十分接近。

一般情况下，山本的意见和建议都能得到采纳，米内也由于有山本这样的得力助手十分省心。

山本任海军省次官期间，日本侵华战争全面爆发。然而在日本军部内部，对待侵华战争的态度却不一致。

一些强硬派认为，中国不堪一击，主张立即解决中国问题。以海军省为代表的人则认为，日本对外扩张的真正敌人是苏美等国，不能把力量消耗在中国大陆。山本五十六就属于后者。

据说，他曾经对知心朋友武井大助说：

陆军中的这些混蛋们，果然挑起了战火，简直要把人气疯了。我从此戒烟，直至这次事件结束为止。

他对陆军的反感，经常是公开化的。

据说在一次陆海军首脑同时参加的会议上，山本坐在一位陆军将军旁边。会议开始后，这位将军大发议论，山本感到十分乏味，就把他的椅子悄悄往后挪了挪，结果让这位将军"扑通"一声摔在地上。

还有一次，陆军次官东条英机炫耀陆军飞机的性能和战斗力，山本竟尖刻地说："实在了不起，你们的飞机也能飞了。不过，你可别忘了，有人常说：'海上的雄鹰，陆上的鸡。'"

这句话引得哄堂大笑，只有东条和山本面无表情。然而，不管山本和海

131

军省如何努力，也无法左右形势的发展，日本政府已决心在中国大打一场。

从"七七事变"至1937年年底，日本不断对中国派兵，并以四万多人的代价于年底占领上海。国内外局势日益向着与山本五十六意愿相反的方向发展。

日本军国主义政府一面加紧对华侵略，一面寻找国际支持。这与处于同样境地的法西斯德国不谋而合，双方关系日趋密切。

日本政府的这一行动使得山本五十六和海军省十分焦虑。因为山本十分清楚，与德意结盟自然就意味着与英美苏为敌，其后果不堪设想。所以，山本和米内主持的海军省极力反对同德意结盟，而主张对英美实行安抚政策。

1937年12月12日，正当日军进军南京的时候，美国炮艇"珀内号"载着使馆人员和西方记者撤离南京。杀红了眼的日海军航空兵明知是美国舰只，依然疯狂地炸沉了"珀内号"。

山本听到消息后大为震惊，连忙发表声明，承认"这次事

日本驻德国大使大岛浩

132

件的责任全在日本方面，海军应当诚恳认错"，并将直接责任者海军第二联合航空司令免职查办。但是海军省并不能在日本政府中起主导作用。

在陆军的坚持下，1938年11月，首、陆、海、外、藏五相召开会议，通过了促进日、德、意三国协定的决议，并制定部分接受德方提议的日本方案。

不料，驻德大使大岛浩和陆军坚持全盘接受德国提出的协议方案，不同意五相会议提出的只把苏联作为作战对象，从而导致近卫内阁辞职。由枢密院议长平沼骐一郎组阁的新政府在三国同盟问题上依然束手无策，只好频繁召开会议，先后达七十多次。

山本五十六的苦心并未得到法西斯主义分子的理解。他们把山本反对同德意结盟看成是亲英美行动，许多右翼分子开始对山本采取针对个人的行动。

右翼政党大日本生产党的一个团体决议中写道，鉴于山本在海军中影响甚大，成了一些人的精神支柱，"要收集山本次官私生活方面的材料，即他同他的情妇——新桥的艺妓梅龙间来往的情况，以此作为突破口，在社会上把山本搞臭，破坏他的形象"。

山本对此毫不在意，他对那些人说："难道你们不拉屎放屁吗？假如你们之中有人不拉屎放屁，也从未和女人有过云雨之情的话，我倒要见识见识，听听他的高见。"

这招未能奏效，极右分子又采取恐吓、暗杀的办法。海军省经常收到"宣言书""请愿书""劝辞书"和恐吓信，许多极右分子甚至当面提出"替天行道，诛讨山本"。

无奈，山本只好求助警察署，外出时随身携带特制催泪器，而且做好了随时遇难的准备，甚至在1938年5月31日预先写好了遗书，声称：

丹可磨而不可夺其色，兰可播而不可灭其香。吾身可灭，而吾志不可夺也。

133

死心塌地效忠天皇和法西斯主义之情，溢于言表。

正当日本国内就同德意结盟闹得纷纷扬扬时，长期对立的苏联和德国突然签订互不侵犯条约。这与德日之间签订防共协定是根本矛盾的，使力主与德结盟的大岛浩大使狼狈不堪，日本国内一片哗然。

1939年3月，平沼内阁召开最后一次五相会议，决定停止三国同盟条约的工作，之后全体辞职。米内光政也因此离开海军大臣的位置。

由于不愿看到山本在海军省被杀，米内推荐了吉田善吾-担任海军大臣，让山本接任吉田联合舰队司令长官兼第十舰队司令长官职务。

晋升舰队司令
制订罪恶计划

摆脱海军省，担任联合舰队司令长官，令山本五十六的心情格外畅快。

因为从此以后，伴随着他的，不再是次官邸那昏暗的光线和沉闷的空气，也不是终日监视着他并给他生命带来威胁的右翼分子的眼睛，而是明媚的阳光、新鲜的海风和时刻保卫着他的40000联合舰队官兵。

不知是巧合，还是冥冥之中的安排，山本五十六接任联合舰队司令一职，正值56岁，与他父亲生他的那一年同岁。

雄心勃勃的山本，似乎对他的这一任职充满了自信。报纸以"飞向波涛起伏喧闹的大海——时隔六载后的出征，威严的山本提督"为题，对山本的任职进行了大肆报道：

就任海军联合舰队司令长官的山本中将，精神振奋，从他的面部表情中看得出，他对天皇陛下的信任充满了感激之情并决心效忠于天皇。

他身穿一套十分合体的雪白军服，迈着矫健的步伐步入海军省会见了记者。山本提督素不饮酒，可是今天却破例地将一杯酒一饮而尽。

接着，就开始了他任提督后的首次答记者问。

面对记者的提问，山本答道："这次身负如此重任，实感惶恐，愿尽我微薄之力为国效劳。受命任联合舰队司令长官，此乃一军人之最高荣誉。我

135

已下定决心，誓死尽职。"

1939年8月31日，身着白色军礼服、左胸前佩戴着一等瑞宝勋章的山本，在东京火车站站长的陪同下，走下了贵宾候车室的阶梯。站台上早已挤满了前来为他送行的人，有地位显赫的将军、无处不在的新闻记者、山本的亲朋好友。

下午13时整，临时增发的特快列车"海鸥号"，载着山本徐徐驶离东

山本五十六

京。同六年前离别战舰一样，山本摘下了头上的军帽，轻轻地挥动着，和送行的人们告别。

路基两旁的建筑物、树木等急速地向后退去，月台上的人们越来越模糊了，很快就消失在山本的视野之中，唯有为他送行而击打的太平鼓的声音还隐约可闻。

9月1日，山本到达大阪和歌之浦联合舰队驻地。在舰队特意安排欢迎他的吹管乐的嘀嗒声中，山本登上了联合舰队的旗舰"长门号"。他诙谐地对副官藤田中佐说："长官这个称呼不错嘛！很吃得开嘛！海军次官算什么，不过是个高级勤杂工而已。"

山本做梦也没有想到，他会在这个挺吃香的职位上丧命大海。如果说他在这一天登上"长门号"有什么不吉利的暗示的话，那就是稍后传来的德国军队全线进攻波兰的消息。

两天后，英国、法国分别对德宣战，第二次世界大战全面爆发。

9月5日，踌躇满志的山本五十六，第一次向联合舰队的全体官兵发表讲话：

> 鄙人虽不谋该职，但天皇陛下授命，只好就任，值此，深感责任重大。
>
> 不言而喻，今天欧洲的形势，乃世界再度出现大动乱之先兆也。值此风云突变之时，吾深感帝国海军任重道远。
>
> 望全体官兵更加同心协力，自重自爱，不辞辛劳，昼夜兼练，以保持联合舰队之最高威力，担负起保卫国防之重任，不负于天皇陛下之所望。

山本上任后不久，就恢复了因交接而中断的日常训练。他第一次站在"长门号"上看着由自己亲自指挥的这支世界第三大舰队拔锚起航。

"离港还有15分钟，各舰航海值班人员各就各位。"

一声令下，各舰从舰首到舰桥，立刻呈现出一片紧张繁忙的气氛和景象。总共80艘大小战舰井然有序，烟囱里冒出的黑烟笼罩了整个和歌之浦码头。"第二次世界大战队第一号舰正起锚。"随着报告声完毕，"长门号"的汽笛发出一声长鸣，下达了"立即出港"的命令。

负责舰队警戒任务的潜艇部队最先驶出港口。山本手里拿着双筒望远镜来到舰桥。他一边听着航海科传令兵关于各战队各舰的行动情况报告，一边直接观察着舰队出港。

传令兵继续报告："第四战队正在出港：'高雄'、'爱宕'、'鸟海'、'摩耶'出港了。""后面是'伊势'出港了，'日向'、'扶桑'出港了。""'赤城'、'加贺'、'苍龙'、'飞龙'第一、二航空战队依次出港了。"

当山本看到随后驶出的庞大的航空母舰时，他的眼睛好像一下明亮起来：现在该是将自己的航空战术思想付诸实践的时候了。

山本首先改变了老一套的训练方法。在海军中，舰队夜间出入港口是舰队训练中难度很大且有危险的科目，稍有失误，就会发生损伤"天皇军舰"的事故，情节严重者要受到切腹的惩罚。

因此在以往的训练中，一般各舰都要打开信号识别灯，并以无线电保持各舰间的通信联络，以免发生军舰相撞毁伤舰只的事故，这已成为联合舰队不成文的惯例。

但山本认为，这是不符合实战要求的。因为战时，舰队出港是不允许打开信号灯和使用无线电的，即使使用微弱的无线电波联络也是被禁止的。他要求各舰一律不准开信号灯，并关闭舰上的无线电联络装置。舰与舰间保持一定距离依次跟着各自的旗舰摸黑前进。

这是难度相当大的出入港训练。几万吨的庞然大物，启动后的惯性是相当大的，在黑暗中各舰要保持一定的距离和准确的方向，使舰上人员高度紧张。

一旦发现舰与舰间的距离过近时，靠舰上机械的制动能力是很难抑制住

巨大的惯性的。山本的目的就是要训练日本海军的夜战能力。

接着山本在完成前任总司令官吉田善吾制订的年度训练计划后，至1940年便改以他心中构思已久的以航空兵力为中心的训练。1940年3月，山本为了检验海军航空兵的攻击能力，安排了一次代号为"123号作业"的演习。

演习的计划安排是，驻在志布的舰队从有明湾出发，经过九州东岸北上，向佐旧湾进发；航空队则搜索北上的舰队并利用夜间对舰队实施轰炸。

指挥鱼雷轰炸机的是"赤城号"航空母舰飞行队长渊田美津雄少佐。他在发现山本五十六的舰队之后，便紧紧盯住山本的座舰——旗舰"长门号"。"长门号"打开探照灯，试图扰乱追踪飞机的视线，并用高射炮向空中的飞机猛烈射击，同时，加快舰速拼命躲避。

渊田率飞机巧妙地躲开了高射炮的反击，连连向舰上投放训练用的鱼雷炸弹，弹无虚发，发发命中。

看到这一情景，山本心中十分高兴。

如果仅就地位和荣誉而言，山本应当满足了。因为在日本海军中，海军省、军令部和联合舰队是三位一体的。海军省负责海军行政，参与内阁决策；军令部就是总参谋部，负责军令、作战计划和训练；联合舰队司令部是执行机构，是负责指挥作战的最高机构。作为联合舰队的司令长官，就是一名海军军官的最高荣誉了。

可是山本并未陶醉在荣誉和地位的光环里。

手扶旗舰"长门号"栏杆，望着海面上80多艘穿梭往来的军舰，山本陷入沉思之中。国际局势日益恶化，日本的对外扩张欲望如脱缰的野马，海军中的激进分子正蠢蠢欲动……作为世界第三大舰队的司令长官，责任重大啊！献身天皇的责任感和使命感使山本五十六的心情突然显得格外沉重。

他在给岛田繁太郎的信中写道：

当前，欧洲出现了大动荡，每当想到我们日本与德、意之间的关系，就使我不寒而栗。

为了应付可能发生的战争局面，他一面指挥舰队日常训练，一面针对欧洲战场局势的发展，特别是美国海军的发展和夏威夷太平洋舰队对日本造成的威胁，把日本海军防御线从小笠原群岛联结马里亚纳群岛推进到从东卡罗林群岛到马绍尔群岛。

令山本五十六最不愿看到的事情终于发生了。

随着欧洲战场的急剧变化，荷兰、法国宣布投降，日本军部首脑感到无比兴奋。他们的眼睛盯上了英法等欧洲国家在东南亚的殖民地，企图趁其无暇东顾之际，将这些殖民地据为己有，控制太平洋，也从根本上打击亲英美的蒋介石。

发动了侵华战争的近卫文麿在第二次组阁前，召集陆相东条英机、外相松冈洋右和海相吉田善吾，在其私邸荻洼山庄举行了"荻洼会议"，制定了新内阁的行动方针，其中包括建立"大东亚新秩序"，尽快解决"中国事变"，与德意签订三国同盟条约等内容。

1940年7月26日，近卫内阁通过了《基本国策纲领》，三国同盟问题再次提上日程。

闻听此讯，正在海上训练的山本五十六大为震惊。他多次上书海军大臣吉田善吾，陈述与德意签订同盟条约的危害，指出为避免日美冲突，绝不可缔结日德同盟。然而，吉田未能阻止同盟条约的签订。

尽管山本在海军首脑会议上极力反对，新任的海军大臣及川古志郎强行通过了海军同意三国同盟条约的决定。三国同盟条约遂于9月27日在柏林签署，约定三缔约国中任何一国遭到尚未参战的国家的攻击，三国须用所有政治、经济和军事手段相互援助。

日本被彻底绑上第二次世界大战的列车。

局势的变迁终于把山本作为一个悲剧性角色推到历史的前台。他在内心深处反对同美国交战，但作为联合舰队司令长官，职责又必须面临同美国交战；对英美国家的了解使他深知战争必败，但效忠天皇的武士道精神又迫使他必须夺取战争的胜利。

在回答首相近卫文麿的询问时，山本无可奈何地说：

> 如果非打不可的话，在开始的半年或一年中，可以奋战一番，并有信心争取打胜。如果战争持续下去，以至拖上两三年，那我就毫无把握了。三国同盟条约已经缔结，只有破釜沉舟、背水一战了。尽管如此，我还是希望政府能设法回避同美国交战。

可见，山本五十六当时的心情非常矛盾。然而，局势的迅速恶化已经不允许他怨天尤人了。

在同他的秘书原田一起进餐时，山本忧郁地说道：

> 在我看来，我们要同美国打仗，就必须做好几乎向全世界挑

日本战斗机 ⊙

战的准备。我将竭尽我的全部力量，但是我希望战死在我的旗舰"长门号"的甲板上。

在那些不祥的日子里，你将至少三次看到东京被夷为平地。其结果将是延长人民的痛苦。而你和近卫，还有其他人，也许会被人民群众千刀万剐，尽管想起这种情景是很遗憾的，局势确实令人困惑。我们已经陷入这种困境，命运注定在劫难逃。

既然日本早已使自身走向一条既定的道路，山本也没有多少选择的余地。

他的好战心理源于他根深蒂固的武士道传统，他像当时大多数的日本人一样，相信只有日本人才能完全符合逻辑地充当亚洲国家的"救世主"，将亚洲从白种人的统治之下解放出来。

他陷入了两难之间：一方面，他看到资源贫乏的日本不仅要与美国，而且还要和中、英、荷，也许还要和苏联同时作战的暗淡前景；另一方面，他要承担作为联合舰队司令长官必须执行的职责的压力。

为了取得印尼的石油，向南方作战，必须避免美国太平洋舰队从夏威夷出发打击日本的侧腹，还需要把美国太平洋舰队阻挡在南方水域之外，至少在头几个关键月份中应做到这一点。

如何才能办到呢？自山本登上"长门号"之后，他就在苦苦思索这个问题。

山本认为，依靠海军历来对美作战的正统的战略思想，是不可能完成上述任务的。长期以来，日本海军奉行的是以日俄对马海战为依据的大炮巨舰主义的舰队决战战略，坚持以战列舰为核心的传统作战方式。

自从1905年日本海军大将东乡平八郎在日本海大海战中大胜沙俄舰队以来，日本海军就充满着海上争霸思想，并把美国视为其在西太平洋争夺海上霸权的主要敌人。

日俄战争以后，日本在1907年制定的《帝国国防方针》和《帝国用兵纲

要》就提出了建设"八八舰队"、确定对美采取截击作战的战略方针。

所谓截击作战，就是基本原封不动地采用在对马海战中截击歼灭沙俄波罗的海舰队的东乡战略，即以战列舰为主力的联合舰队利用地理条件以逸待劳，伺机同美国海军主力进行决战并加以歼灭。以后虽几经修改，但其基本方针未变。

在1936年修订的《帝国用兵纲要》中规定：一旦日美开战，陆海军首先协同攻占菲律宾和关岛，迫使美舰队远渡重洋进至西太平洋实施进攻作战。

日本的海军将领们把未来事件的进程看成是这样：一支强大的美国舰队向西挺进，长途跋涉远道而来。这时，日本以南洋各群岛为基地，用潜艇和陆基飞机不断削弱美国舰队的力量，待其实力削弱到大体和日本舰队的实力相匹敌或弱于日本舰队时，以战列舰为核心的日本舰队进入有利的战略位置，寻机与之决战。

双方都横过空阔的洋面，把各自的舰只排成战斗序列，打出所有的炮弹。当硝烟和火光散去之后，日本的胜利将自然浮现出来。

美国的钢铁巨兽将一只接一只凄凉地瘸着脚朝家逃窜，或者舰首向上，如同向大海行死亡前的敬礼，然后永远消失。

在山本看来，这种战略思想是一厢情愿的，不过是军令部的那些年轻参谋脱离实际的纸上谈兵而已。战争一旦爆发，除侥幸外，谁也不会相信战争会按着这个模式发展下去。

山本的好友堀悌吉在战后整理的《五峰录》中总结山本的看法时说：

不论是海军大学所进行的沙盘演习，还是军令部所提出的对美作战的战略计划，实际上都是脱离实际的主观臆断，是主观主义的产物。

以军令部的作战计划而论，如前所述，概括起来包括这样四点内容：一，日本主动攻下菲律宾；二，迫使或诱惑美国舰队前来救援；三，在马里亚纳群岛一带逐步削弱敌舰队的力量；四，

143

进行舰队决战，一举全歼前来之敌。

这纯属用想当然代替现实的概念游戏，是把敌人的行动规范在自己想象之中的脱离实际的主观臆断，不过是一厢情愿而已。既然如此，那么对于保证日本侧翼不受美舰队干扰，同时又要把主力用于南方战役的课题，山本就必须找到有效的答案。

1940年3月，联合舰队举行演习。山本站在当做靶舰的战列舰上，观看航空部队在统一指挥下进行白天鱼雷攻击演习。长机率领着成群飞机，越过战舰的密集炮火，向下俯冲，鱼雷从战舰的桅杆掠过，划出一道白光，接连向舰腹冲去。

演习用的鱼雷是不会爆炸的，当撞上舰体后，鱼雷即浮上水面冒出白烟，演习完毕后可再收回。

山本看到这一情景，心里十分高兴，他情不自禁地向站在身旁的参谋长福留繁少将问道："参谋长，能不能用飞机攻进夏威夷？"

福留中等身材，有着肥厚的胸膛和健壮的肩膀。这位海军大学的优等生，是一名不折不扣的舰炮专家。

美作家高尔登·普朗格在他的名著《我们沉睡在黎明》中这样描写他：

他的头脑不像山本那样突然爆出主意，许多主意在他头脑中像植物生长那样慢慢地成熟。

他支持向南扩张，但他缺乏山本那种先知先觉的睿智、个性和训练。

此刻，他正疑惑不解地看着山本，像在听天书。

的确，夏威夷距离日本有3000海里之遥，若要击溃夏威夷的美国太平洋舰队，就得牺牲大量的机动舰队。在袭击之前，如被对方巡逻机发现，反有被歼灭的危险。

145

把仅有的航空母舰投入具有赌博性的战争，值得吗？两个月后，5月7日，在东太平洋举行大规模演习的美国太平洋舰队，没有像往年那样演习后返回西海岸，而是接到了就地停泊于珍珠港的命令。美国总统罗斯福想利用太平洋舰队进驻夏威夷对日本施加压力，以遏制日本的南进。

可是，罗斯福却没有想到，恰恰是他的这一行动激发了在大洋另一端的山本五十六袭击珍珠港的决心。

1940年11月，山本和他的同学吉田善吾、岛田繁太郎同时晋升为海军大将。海军军阶达到顶点的山本更加卖命。

同月，为响应政府南进的号召，他率联合舰队进行进攻荷属东印度的图上演习。在演习过程中，山本更加明确地认识到，如果对荷属东印度动手，英、美是不会袖手旁观的。

他在写给朋友的一封信中说道：

> 我们发动针对荷属东印度群岛的军事行动，有很大可能会导致与美国过早交战。并因为英国和荷兰将和美国站在一边，我们对荷属东印度群岛的军事行动在完成一半之前，将几乎确定无疑地发展成与美国、英国和荷兰作战。
>
> 因此山本主张，从制订战略方针的角度来看，不管对哪个国家动手，必须从一开始就制订一个对三国作战的切实可行的方案。
>
> 而在执行这一方案时，日本海军的大部分兵力一旦投入资源丰富的南方地区，其侧腹就暴露给了强大的美国海军。只要美国舰队主力向日本进攻，日本海军届时就不得不匆忙从南方作战中调回决战兵力。如果到了这个地步，日本海军的命运就惨了。

演习结束后，山本迫于这样一种严峻的形势，以一个赌徒特有的心理，终于下决心采取在胸中构思已久的攻击珍珠港的方案：在开战之初，抓住绝

146

妙良机，不惜投下相当大的赌注，断然对夏威夷瓦胡岛的美国太平洋舰队发动突然袭击，并给以沉重打击。

山本五十六终于找到了出奇制胜的办法。

11月下旬，山本亲至东京向海军大臣及川古志郎谈了自己的这一想法。到了1941年，成熟的方案在山本的心中再也隐藏不住了，他想到的不是让这一方案变成电光一闪的火花，而是付诸实施的炸雷。

1941年1月7日，元旦刚过去才几天，山本坐在停泊在广岛湾柱岛的"长门号"上的座舱里，用了整整九页海军格纸，给及川古志郎写了一封《关于战备的意见》的长信。

山本在这封信中，第一次正式提出了自己内心酝酿已久的关于夏威夷战役的设想。

山本的意见书在一开头写道："任何人对紧张的国际形势的发展都无法正确预测，但是，海军，特别是联合舰队，应该以对美、英必战的决心，进入认真备战并制定作战计划的时期，这是毋庸置疑的。"

在作战方针上，山本写道：

关于历来作战方针的研究，总是把堂堂正正的以迎击为主的作战方式作为对象。然而从过去多次举行的图上演习的结果来看，采取迎击战法，使用主舰队决战，帝国海军尚未取得一次大胜，而且，每次总因为这样下去会削弱日本海军的实力而不得不中止演习。如果是为了决定战争如何发展，这样做尚称可以，但一旦开战，为了战则必胜，这样的作战断断不可。

山本在意见书中鉴于对美作战的特殊形势，完全摈弃了在西太平洋迎击美国舰队的进攻，以舰队决战歼灭美国舰队的这一日本海军传统的战略思想，转而主张"开战之初，就猛攻并击沉敌人主力舰队，挫伤美国海军及美国国民的士气，使之达到无可挽救的程度"。

147

山本认为"只有这样，才能确保日本立于不败，维持大东亚共荣圈的建设"。军国主义的疯狂性，使本来对美国的物质力量作出准确判断的山本，完全错误地估计了美国人民的精神力量，犯了一个战略家不应犯的致命错误。

山本在信中接着强调："在战争爆发之际，我们应该竭尽全力，要有决胜败于第一天的决心。"

山本具体设想了执行这一方案的几种情况：第一，在敌主力舰大部分泊于珍珠港内时，"以飞机队彻底击溃之，并封锁该港"；第二，在敌主力舰艇泊于珍珠港外的情况下，"按照第一种情况处理"；第三，在敌主力舰艇首先从夏威夷出击并发动进攻的情况下，"派决战部队迎击，并一举歼灭之"。

在兵力的使用上：

一、使用第一航空战队，即航空母舰"赤城号""加贺号"和第二航空战队，即航空母舰"苍龙号""飞龙号"待月夜或黎明，以全部航空兵力对敌人发动强袭，以期全歼。

二、一个水雷战队，负责搭救因不能避免敌机反击而沉没的航空母舰上的官兵。

三、一个潜水战队，逼近珍珠港，迎击匆忙出动之敌。如可能，于珍珠港入口处断然击沉敌舰，利用敌舰封锁港口。

四、补给部队，为补给燃料，以数艘加油船充实该部队。

当然，山本也没有忽视日本的主要目标。"夏威夷作战要和菲律宾、新加坡方面的作战同一天实施。但只要击灭了美主力舰队，菲律宾以南的杂牌部队就会丧失士气，不敢逞能。"

"尽管夏威夷作战损失可能很大，但如果我们对其采取守势，等待敌人来攻，那么敌人就有可能一举袭击我本土，烧毁帝国首都及其他大城市。如果发生这样的事态，国内舆论哗然，我们海军将受到舆论的谴责，国民的士气也将跌落。"他坚信，"虽然此次作战之成功并非容易，但有关将士若能

上下一体，坚定以死奉公之决心，可期天佑以获成功。"

最后山本在意见书中提出他个人的请求："卑职真心希望自身担任攻击珍珠港的航空舰队司令长官，亲自指挥夏威夷作战。"

从1941年1月开始，山本五十六全力组织力量论证和制订具体作战方案。他首先把制订基础方案的任务交给了密友——第十一航空队参谋长大西泷治郎少将。

大西是日本航空界的优秀人才，性格和思维与山本极其相似。接到任务后，大西找来第一航空队参谋"王牌战斗机飞行员"源田实中佐，协助他一起制订基础方案。

经过近两个月的苦苦思索计算，1941年3月拿出第一草案：以全部航空母舰尽可能靠近珍珠港，以飞机进行多次反复轰炸，使敌人失去反击能力；轰炸的主要目标是美国航空母舰，以及瓦胡岛上的陆基飞机。这份草案融合了空军、海军将领的创造性思想，山本十分满意。

随后，山本召集第二航空舰队有关人员进行讨论。面对争执不休的两派将领，山本宣布：

诸位，请你们了解，只要我还担任联合舰队司令长官这个职务，这一仗就非打不可。希望你们研究万全之策。

会后，联合舰队设置四个预备研究小组，由首席参谋黑岛龟人主要负责。

4月底，黑岛赴东京军令部解释袭击珍珠港的计划。然而，军令部并不同意山本的作战方案，理由是这一作战计划成功的两个前提条件，即保证大型航空母舰远渡重洋而不被发现，以及美国太平洋舰队一定停泊在珍珠港内，是靠不住的。在这种情况下发动战争，无疑具有很大的风险。而战争不同于赌博，不能抱有侥幸心理。

最后，军令部只答应海军大学的年度图上演习提前到9月，在图上演习中

论证黑岛的作战方案。

正当日本海军内部为夏威夷之战争论不休的时候，国际局势又发生了戏剧性变化。

1941年6月22日，德国撕碎条约，悍然发兵入侵苏联，苏德战争爆发。

7月2日，天皇召开御前会议，确立了针对英美国家的南进扩张政策。

7月28日，40000日军在东南亚登陆，不久便占领了西贡和金兰湾。

日本的南下政策直接危害英国和美国的利益，英国宣布废除《日英通商航海条约》，美国下令实行对日禁运，冻结在美国的日本资产，加拿大、新西兰等国也相继采取了报复措施。国际局势的这一系列变化使日美战争成了必然。

1941年9月6日，天皇再次召开御前会议，审议《帝国国策施行要领》。近卫文麿、永野修身、丰田贞次郎、及川古志郎、铃木贞一等相继发言，都对外交谈判不抱希望，主张以战争为主，外交为辅。

这时，从未在御前会议上发过言的天皇，突然拿出一张写有明治天皇在日俄战争前夕而作的一首短诗的纸条，并朗读道："四海本来皆兄弟，缘何世上起风波。"

他告诉大家："我很早以前就拜读过大帝的这首诗，我正奋力以继承先大帝爱好和平之精神。"

然后，天皇起身退出了会议。实际上，裕仁天皇以日本的"腹艺"方式表明了开战的抉择。

御前会议结束不久，海军的图上演习也开始了。夏威夷海战演习结果表明，日军重创了美海军，自己也受到很大损失。基于此，军令部仍然对山本的计划迟疑不决。

山本再也按捺不住了，他大发雷霆，声称作为联合舰队的司令长官，他将对计划负全责，否则宁愿辞职。

消息传到军令部，总长永野修身大将深为感动，当即表示：既然山本长官那样有信心，作为总长，我有责任批准他的要求，实行这一计划。

然而，谁也不会想到，山本在给自己最好的朋友堀悌吉的信中却是这样说的：

> 我下了和我的意愿完全相反的决心，没有别的选择，只得沿此道路走下去。有什么能比违背自己的意愿而更难以忍受的呢？难道说这是命中注定？

随着时间的推移，日本军部的战争气焰日益嚣张。可是当战争贩子们在一片叫嚷声中等待近卫文麿的一声令下时，这位优柔寡断的首相却退缩了。在陆相东条英机的指责和嘲笑下，10月16日近卫内阁总辞职。

1941年10月18日，素有"刺刀"之称的屠夫东条英机内阁成立。

23日，东条内阁决定，在决定开战的前提下，做好战争准备，同时继续执行外交谈判政策，利用外交途径迷惑美国。

从袭击珍珠港的计划确定开始，日本海军就着手于对珍珠港的侦察间谍活动了。

1941年3月，军令部根据山本的要求，派遣海军情报专家吉川猛夫潜伏珍珠港。

经过了大约八个多月艰苦的侦察，这位并没有间谍经验但异常机警的情报人员，对夏威夷的海军情况已了如指掌。

11月上旬，吉川顺利地把一份份极有价值的军事情报送到日本，为联合舰队袭击珍珠港提供了可靠的资料。

11月5日，山本接到了军令部总长永野奉天皇旨意发来的"大海令第一号"命令，预定于12月上旬对美、英、荷开战，命联合舰队做好一切战斗准备。

从5日至11日，山本根据永野的命令，连续发布第一至三号作战密令，确定1941年12月8日向美国开战，由南云忠一中将担任司令官，袭击夏威夷珍珠港。

　　11月13日，山本参加了联合舰队作战会议，他在一段精彩的演说之后指出："在华盛顿举行的与美国的谈判，如果在12月8日的前一天上午11时以前达成妥协的话，我将命令作战部队撤回。"

　　11月21日，山本发布联合舰队第五号作战令：机动部队务于11月26日自单冠湾出发，竭力保持行动隐蔽，12月3日傍晚进入待机海域并加油完毕。

　　按照这一命令，11月26日清晨6时30分，由6艘航空母舰、3艘巡洋舰、11艘驱逐舰、3艘潜艇、2艘高速战列舰以及7艘加油船等30多艘舰只组成的机动舰队，按照空袭部队、警戒部队、支援部队、巡逻部队、破坏中途岛部队和补给部队编制，以所谓的"第一警戒航行序列"的环形队形，悄悄地朝珍珠港扑去。

　　就在袭击珍珠港部队出发后的第七天，即12月2日，联合舰队司令部接到军令部根据天皇命令发来的"大海令第十二号"命令，最后确定了攻击日期为12月8日。

珍珠港被袭击的场景

　　山本立即向南云机动舰队发出了"攀登新高山1208"的密电：开战日期决定在12月8日零时，按计划偷袭珍珠港。

　　对于日本暗中进行的如此巨大的军事行动，大洋彼岸的美国人似有察觉。

　　11月22日，美国的魔术情报即海军密码破译小组，已经判断出日本将要发动战争的迹象。罗斯福总统甚至在给丘吉尔的电报中指出：我们必须面对日本即将发动战争，而且是在不久的将来这一事实。

　　25日，在白宫召开的最高军事会议上，罗斯福又提醒与会者，日本人在不宣而战这点上本来就是臭名昭著的，所以美国可能在12月1日前后遭到攻击。

　　但是，美国军界认为，日本的矛头肯定是印度支那地区，他们做梦也不会料到日本偷袭珍珠港的计划已经投入实施了。

　　然而，美国仍然有时间做必要的准备。

就在12月8日凌晨南云忠一下令攻击机群从指定海域起飞的时候，美国海军密码破译小组已经破译了日本政府给美国的"最后通牒"的最后部分，电文的内容是：

鉴于美国政府所采取的态度，日美之间已无法达成协议，特此通知美国政府，并深表遗憾。

然而，如此重要的情报，由于美海军作战部长斯塔克怕黎明前影响太平洋舰队司令金梅尔睡眠而被人为地耽误了。当参谋总长马歇尔上午11时看完破译电文后，他确信日本很快就会发动攻击，并决定向全军发出紧急戒备的指令。

不幸的是，马歇尔的电报命令并没有通过紧急通信系统或海军无线电发出，而是被陆军情报局远东科科长布莱顿交给了陆军部信号中心，又被擅自决定通过商业通讯系统发出。

布莱顿违背了马歇尔"以最快最安全的办法拍发给各级指挥官"的命令，当电报指令传送到各级指挥官手中时，已经是珍珠港遭袭击7个小时以后了。

美国高层的判断失误、军队中的松散习气，为山本五十六大胆而又缜密的行动创造了条件，偷袭珍珠港获得巨大成功。

美国时间12月7日下午13时19分，负责空袭的指挥官渊田命令发出了"脱，脱，脱"的攻击信号，"脱"在日语中是"突击"的第一个假名，音译为英语就成了"虎"的发音。

旋即，354架日本各型飞机分两个攻击波次向毫无准备、沉浸在假日欢乐中的美国海军发起猛烈袭击。

霎时间，珍珠港内爆炸声隆隆，火光四起。

日本仅用不到两个小时的时间，击毁美机188架，击伤159架，击沉或重创战舰18艘。岛上的机场和设施遭到巨大破坏，击毙美国军民2403人，在港

的美太平洋舰队主力遭到毁灭性打击。

而日本只损失了29架飞机，55名飞行员，6艘潜艇。当远在日本海域停泊的"长门号"旗舰上的山本得到确切的消息时，只是睁大双眼，默默地点了点头。

几乎在南云忠一率领的联合机动舰队大获全胜的同时，由冢原二四三中将司令和大西泷治郎参谋长率领的第十一航空舰队，开始袭击菲律宾的美军基地。

在日本的南进计划中，菲律宾具有十分重要的战略位置。这里不仅有丰富的物产资源，而且是通向东南亚和西南太平洋的交通枢纽。

1941年7月，为了加强防御和对日本的制约，美国成立远东美军司令部，任命麦克阿瑟为远东军司令，在菲的美军基地得到了空前的加强。这就更加阻碍了日本的南扩进程，因此，按照山本的计划，必须在袭击珍珠港的同时，摧毁菲律宾的美军基地。

如果说珍珠港在毫无防范中遭到毁灭性打击尚可原谅的话，菲律宾战役就太不应该了。按照计划，大西的近400架飞机应在12月8日凌晨攻击美军空军基地。

然而，是日凌晨，日军基地却大雾弥漫，飞机无法起飞。直至南云部队袭击开始以后，大雾仍无散去迹象。

这时，如果拥有35架空中堡垒B—17轰炸机的美军前来袭击，日本航空队必将遭到毁灭性打击。

出人意料的是，老谋深算的麦克阿瑟元帅不仅未曾作如是设想，甚至对来自华盛顿的严重警示也未作出应有的反应。12时45分，近400架日机几乎未遇到任何阻拦地到达美军机场上空。

经过近一个小时的狂轰滥炸，18架B—17轰炸机、53架P—40战斗机和其他30多架美军飞机被撕成碎片。日本以极小的代价夺得菲律宾的制空权。

遭受美军阻击
丧命太平洋

　　美国的大意，使珍珠港受到毁性灭的打击，气急败坏的美国政府立即对日宣战。听到天皇和东条煽动性极强的演说，正在南行迎接南云舰队的山本五十六这样写道：

> 　　今我已下定决心，一旦奉大诏而堂堂出击，则置生死于度外，闯过难关。
> 　　然而此战为未曾有之大战，种种曲折也必有之。倘存借名誉而保自身之私心，则绝不能完成此大任。因之以诗曰：
> 　　浩荡皇恩记心间，弃誉舍命何所惜。

　　这些思想充分暴露了山本五十六作为一个十足战争贩子的罪恶灵魂。

　　山本终于有机会验证自己"航空优先"的观点了。不仅在袭击太平洋舰队和菲律宾美军基地中，日本飞机显示了巨大威力，在两天后马来亚海战中，山本也再一次证明了巨舰大炮时代的结束。

　　1941年12月10日，英国"威尔士亲王号"和"反击号"军舰在日本飞机的猛烈轰炸中沉没，包括英国远东舰队司令菲利普上将在内的800多名英国官兵遇难。

　　两天以后，裕仁天皇赐语山本五十六："联合舰队航空部队歼灭敌方英国远东舰队主力于南中国海，宣扬威武于中外，朕特嘉奖。"

　　同一天，一支由三艘轻巡洋舰、六艘驱逐舰和四艘其他运输船只组成的

日本舰队在袭击威克岛的战斗中失败。

12月16日，山本派遣第二航空母舰战队和第八巡洋战队助战；数十架日机对威克岛进行了轮番轰炸，岛上美机全部炸毁，日军成功地占领威克岛。

为了扼制德日扩张势头，1942年年初，盟军在东南亚建立统一作战司令部，海军司令由荷兰少将杜尔曼担任。这支由四国海军组成的作战部队，由于空中打击力量很差，而且各自独立作战，投入战斗不到三个月，就被拥有数百架飞机的南云舰队击溃。

1942年3月9日，日本海军控制了爪哇并结束了荷兰对东印度群岛三个世纪的统治。在短短三个月的时间里，日本海军席卷了整个西太平洋地区，在亚太地区的扩张达到了顶峰。

在国内外法西斯分子的一片颂扬声中，山本五十六从"长门号"旗舰迁至超级战列舰"大和号"上。这艘曾遭山本极力反对建造的豪华战舰，成了新的海军指挥中心。

这时的山本，可谓踌躇满志。南云舰队的连连捷报，使得这位工于心计、心狠手毒的战争赌徒飘飘然。

战争形势的发展使他突发奇想，认为要想更好地护卫本土免遭空袭，应当再次出击，彻底消灭美国太平洋舰队。他把注意力放到太平洋中的一个小岛——中途岛上。

日本海军创造了这么多奇迹，难道不能占领中途岛，以此为基地，进而消灭美国的航空母舰？山本又一次把大胆的设想告诉了军令部。

这一次与夏威夷的作战计划有所不同了，山本的设想虽然开始遭到军令部的坚决反对，但海军的巨大战果使得海军中大多数人对山本推崇备至，他的作战方案仅在上交的第八天，即4月10日便得到了军令部的批准。

又过了八天，一直沉浸在胜利狂热气氛中的日本遭到了美国的空袭，这一事件更加坚定了山本进攻中途岛的决心。

山本五十六并不知道，命运之神已经不再青睐于他了。嗜赌成性、一赌到底的品格，既造就了他偷袭珍珠港的成功，也为他在正义面前遭到可耻失

败埋下了伏笔。

　　美国海军从一艘被击沉的日潜艇中打捞到日本海军联络密码本，美情报破译中心很快就获知了日本南下占领莫尔兹比港，切断美澳供应线的作战企图。

　　刚刚上任不久的美太平洋舰队司令尼米兹海军上将得到消息后，立即调兵遣将。5月5日，由航空母舰"莱克星顿号""约克城号"及英国"芝加哥号""澳大利亚号""霍巴特号"等重巡洋舰组成的美第十七特混舰队，在弗莱彻少将的指挥下，迅速进入战争状态。

　　这时，担负占领莫尔兹比港任务的日本第四舰队按计划进入珊瑚海，他们没有想到，美国特混舰队此时正在向西北方向疾驶。

　　5月7日，日本和美国为首的盟军之间展开了史无前例的航空母舰大战。经过了大约三天的鏖战，日本损失了两艘轻型航空母舰、一艘驱逐舰和三艘登陆驳船，一艘重型航空母舰受到重创；美方则损失了一艘重型航空母舰、

日军飞机

一艘驱逐舰和一艘油船，另有一艘重型航空母舰受到重创。

尽管美国损失较重，但是却破坏了日军的战略，打破了日本海军强大无比的神话。

珊瑚海之战受挫，并没有使日本海军有所清醒，相反，盲目乐观、骄傲狂妄的气氛却日益浓厚。包括山本在内，绝大多数高层军官未能重新审视中途岛作战计划，中下层军官和士兵就更加肆无忌惮了。

在这种狂妄心理的支配下，不仅整体战略规划出现许多漏洞，许多军中大忌也屡见不鲜。

山本的整个战略部署，一直采用原来的密码传达，但这个密码早已为美军掌握。有一个水上机队，甚至在出发前发出通知说："6月中旬以后，凡寄交本队的邮件，收件地址一律写'中途岛'。"

日本海军无所顾忌的行动当然逃不过早就严阵以待的美国海军。

1942年5月，美海军密码破译小组在日本人电报中发现一个代号为"ＡＦ"的地名。小组负责人罗奇福特少校为了证实"ＡＦ"是中途岛，拍发了一个中途岛淡水设备故障的假情报，日本大和田海军通讯队信以为真，立即把这一假情报通知给参战部队，从而证实了"ＡＦ"就是中途岛。

很快，美海军对日本联合舰队的兵力、计划、日程甚至舰长和航线都了如指掌。冷静沉着、精明强干的尼米兹紧急部署。

5月28日，由斯普鲁恩斯少将指挥的第十六特混舰队离开珍珠港，两天后，由弗莱彻指挥的第十七特混舰队也向预定海域进发。日本联合舰队尚未采取实质性重大行动，美国海军就已经撒开了一张无形的大网，等待日军来投了。

对于即将来临的厄运，山本似乎有所察觉。

1942年5月28日出发前，他在给情妇千代子的信中流露出不安："29日就将起锚出征，在海上约需三周左右的时间，我将亲自指挥全军奋战。说心里话，对这次出征作战，我并不寄予多大希望。今天是纪念日，道路崎岖坎坷，已到顶点。"

山本的话不幸言中，6月1日和2日，日本情报部门发现美军调度频繁，"大和号"甚至截获了美国航空母舰在夏威夷的信号。然而，一向嗅觉灵敏的山本对此却无动于衷，甚至于运输舰队已遭到了中途岛空军的两次袭击，也未能引起山本的警觉。

6月5日，按时到达中途岛西北240海里水域的南云舰队向岛内发起攻击。这时，南云只有18架战斗机执行空中战斗巡逻任务，庞大的舰队成了美军随时猎取的猎物。

正如渊田美津雄中佐当时所描述的："我们就像一个背着满口袋黄金，单身在森林里赶路的人，自然会引起强盗的注意。哪个强盗发现了，都会首先猛扑过来。"

自信有余的南云忠一根本就不相信附近会有美国舰队。

由于岛上早有准备，南云的第一次攻击毫无收获。南云没有采纳防备敌舰袭击的建议，决定对中途岛发动第二次攻击。正当四艘航空母舰上的勤务人员匆忙为飞机换装炸弹时，中途岛对南云舰队的攻击开始了。

南云的三架零式战斗机迅速投入战斗，美国海军六架攻击机或坠或逃。南云忠一轻轻地松了一口气。

恰在这时，日军四号侦察机由于走错了航线，意外地发现了美国特混舰队，并立即发回了消息。突发的敌情变化使得盲目自信又墨守成规的南云忠一吃惊不小，他拿不定主意是攻击美国舰队还是进攻中途岛，因为进攻中途岛的飞机刚装上炸弹，南云的护航飞机已经很少了。

第二航空母舰战队司令官敦促南云，应当立即攻击美国舰队，而南云却作出了暂时向北挺进，捕捉并歼灭敌机动部队的指示。

这样，刚刚换上进攻中途岛炸弹的飞机不得不再次换装鱼雷和对舰炸弹，这些换下来的普通炸弹被任意搁置，最终导致了巨舰的引爆自毁。

1942年6月5日6时25分，美军舰队的攻击开始了。

然而，战斗力极强的日本零式战斗机三个小时内便击退了美军不下八次空袭。正当南云趁空袭间隙下达"第二攻击波准备起飞"命令时，美俯冲轰

炸机群突然向航空母舰扑来。仅仅几分钟时间，南云的多艘舰只中弹起火，"赤城""加贺""苍龙"三艘航空母舰失去了作战能力，只剩下"飞龙号"航空母舰在山口多闻司令官的指挥下孤军奋战。

下午14时30分，美军轰炸机发动了新的攻击，山口无奈地下达了弃舰命令，并把自己绑在舰桥上沉入海底。此时，像红了眼的赌徒一样的山本五十六已经明白，日本失败的命运已定。21时15分，他下达了停止攻击中途岛的命令。

中途岛之战，日本海军元气大伤，共损失了四艘航空母舰，一艘重巡洋舰，322架飞机，3500多名官兵；而军事力量明显处于弱势的美国海军，却只损失一艘航空母舰，一艘驱逐舰，147架飞机和307名士兵。

这一结果明显改变了太平洋日美军事力量的对比。山本五十六预谋已久的速战速决速谈判的计划彻底破产。

从此，为了护卫本土和巩固对南方资源地区的占领，日本军部取消了原来的作战计划，不得不采取保守的防卫措施。相反，拥有雄厚工业基础的美国的军事力量却日益壮大。中途岛战役成了第二次世界大战的重要转折点。

中途岛战败，山本心情沮丧，懊恼万分。他在给自己亲朋及情妇们的信中不时流露出厌倦的心态。

1942年8月，抱着报仇雪耻心理，山本五十六率全部联合舰队，再次投入在瓜达尔卡纳尔岛（简称瓜岛）展开的与美国太平洋舰队的决战。

8月8日，由三川中将率领的舰队首先与美舰队遭遇，由于美军的疏忽，三川舰队在夜里突然发起的袭击中大获全胜。山本意识到美国海军绝不会善罢甘休，遂率舰队主力于8月17日南下瓜岛，决心与美国决一雄雌。

与此同时，负责攻取瓜岛的陆军也派出一木清直大佐率领的1000人先遣队。比海军还狂妄的陆军认为，有1000人就足以解决瓜岛问题了。他们不会想到，这时的瓜岛已经驻守了拥有各式重武器的美军精锐部队16000人。

海军复仇的心理与陆军轻敌的思想交织在一起，再一次把日本推向惨败的深渊。在长达半年的瓜岛争夺战中，日本共伤亡陆、海、空将士5万余人，

舰艇24艘。1943年2月，山本五十六奉命将瓜岛13000名日军撤回，日本侵略者已是穷途末路了。

山本似乎对日本的命运和自己的命运已经有所预感了。1943年年初，他在给好友堀悌吉的信中写道：

开战以来，阵亡将士已近15000人，实在令人悲伤、慨叹。痛定思痛，我写下这两句诗文，以抒郁怀：兵戈声声一年去，阵亡将士若云消。

在给原田雄熊的信中，他甚至写道："我已做好在今后百日之内贡献余生的思想准备。"山本要以自己的行动证明他曾经说过的，"以我众多部下的性命去换取大量敌人伤亡之时，即是我恶贯满盈之日"。

1943年2月，山本再次将旗舰移至更加豪华的"武藏号"。在这艘堪称世界一流的战列舰上，山本推出"伊号作战"计划，准备在南太平洋再次组织大规模的反击。

谁也没曾想到，山本竟会在这次精心策划的战役中丢掉了性命。

1943年4月7日，联合舰队按计划发起第一次攻击。由于日军战斗力的下降和美海军的有力防御，日军没有达到目的。为了不使山本失望，飞行队长竟然谎报战功，使山本误认为"伊号作战"旗开得胜。

在以后的四天中，空中作战部队继续夸大战果。为了鼓舞士气，慰问将士，就在原计划的最后一天，即4月13号，山本突然决定视察部队。这一提议当即遭到部下的坚决反对。可是，一意孤行的山本很少听从别人的劝阻。

4月18日，按照事先安排。山本率视察队伍登上了前往巴莱尔的飞机。此时，准确截获了山本行动情报的尼米兹上将早已布下了天罗地网。

9时34分，在四架P—38"闪电"式战斗机的猛烈炮火下，视察人员的座机相继坠落。

第二天，日军搜索部队找到了失事地点。只见山本坐在飞机的座垫上，

第二次世界大战主要悍将

左手握军刀，套有白色手套的右手也按在军刀上，左胸流着血。山本的军医长高田六郎少将倒卧在旁边。

据后来推测，山本临死时的情景可能是：飞机坠毁后，高田还没死，他把山本拖出机舱，经过匆忙的整容后，自己也断了气。

4月20日，海军少佐军医田渊义三郎写下下面的尸检报告："左肩胛骨的中央部，有一个食指大小的子弹孔，子弹的走向是右前上方；左下颌角有一个小手指肚大小的子弹射入孔，出口在右眼外眼角，像拇指压痕一样大小……显然系因损伤主要内脏器官而致命。"

1943年5月21日，日本政府发布了山本的死讯，追授他大勋位、功一级、正三位和元帅称号。

6月5日，山本的国葬仪式在东京举行。仪式之后，骨灰一分为二，一部分安葬在东乡平八郎的墓旁，一部分由他的姐姐高桥嘉寿子带回故乡长冈长兴寺。

山本五十六果然如他信中所说，在百日内就结束了自己的生命，但他在太平洋战争和珍珠港犯下的罪恶却使爱好和平的人们至今思之犹痛。

165

豺狼陷阱

第 二 次 世 界 大 战 主 要 悍 将

土肥原贤二

　　土肥原贤二，日本陆军大将。1931年，策划了九一八事变，扶植清逊帝溥仪在东北成立傀儡政权伪满洲国。1935年6月，逼迫国民政府签署《秦土协定》。1935年10月，策划华北自治运动。1937年七七事变后，他率日军第十四师团入侵中国，后任土肥原机关之机关长。1948年被远东国际军事法庭判定为甲级战犯，第一个处以绞刑。

进入中国
从事间谍活动

　　1883年8月8日，在日本冈山县的一个武士之家，降生了一个男孩。男孩的父亲给他起名土肥原贤二。

　　土肥原贤二的父亲土肥良永是一名陆军少佐，兄长土肥原鉴被授予日本陆军少将军衔。在这样的家庭环境下，土肥原从小受日本武士道和军国主义精神的熏陶，幼小的心灵里就埋下了为天皇献身的种子。

　　20岁那年，军人出身的父亲为了让儿子继承父业，把土肥原送进了日本陆军士官学校。土肥原成为陆军士官学校第十六期生。

　　日本陆军士官学校曾为日本培养出无数侵略战争的"精英"。在这里，土肥原与后来侵华战争期间的元凶冈村宁次和板垣征四郎成为同窗好友。

　　1904年，土肥原毕业于陆军士官学校，被授予陆军少尉军衔，供职于高崎步兵第十五联队。

　　这一年正是日俄在中国东北打得难分难解之际，土肥原积极要求参战。在战场上，土肥原十分卖命，因此，战争一结束，就被送进了日本高级军官的摇篮——陆军大学深造。

　　1912年，土肥原从陆军大学毕业，任职于参谋本部，然后调到步兵第三十三联队任联队长。

　　第二年，土肥原被坂西利八郎看中，选调到中国担任坂西利八郎的辅佐官。远在中国的坂西利八郎之所以看中土肥原，是因为土肥原在陆军士官学校和陆军大学学习期间，潜心钻研中国问题，早已名声在外。

　　这是土肥原渴望已久的职务。土肥原刚刚步入军中就已在作战中显示出

自己的才能，尽管如此，他觉得最富有挑战性的工作却不在于军事本身，而是谋略工作。

他如愿以偿地找到了最适合自己的用武之地。他十分感谢坂西利八郎。

上任伊始，土肥原跟随着坂西利八郎来往穿梭于中国北方各系军阀之间，与许多军阀和政界要人建立起了微妙的个人关系。

在与中国上层人物打交道的同时，他还利用职务之便到中国各地旅行，了解中国的政治、历史和风土人情。每到一地，他常常穿一身中国式的长袍马褂，走街串巷混迹于三教九流之中，这为他以后收买利用流氓、土匪打下了基础。

为了搞好特务活动，土肥原下苦功学习中国语言，他不仅能够说一口流利的中国话，而且还学会了中国许多地方的方言。土肥原成为当时日本陆军中公认的"四大中国通"之一。从此，土肥原开始了他在中国长达30年的间谍生涯。

1923年，在北京王府井附近锡拉胡同深处的一座深宅大院中，朱漆大门常年紧闭不开，甚为神秘。这就是有名的日本特务机关坂西公馆。

所谓坂西公馆，是北洋政府聘请的最高军事顾问坂西利八郎公馆的简称。坂西利八郎从1904

土肥原贤二

169

年就开始在北京活动，当时他还是陆军少佐军衔，至1927年被调回国的这段时间里，他在北京的活动使坂西公馆名扬四方，坂西公馆也成为日本在中国最大的特务机关。

作为日本陆军参谋本部派遣来华从事间谍活动的第二代特务头目，坂西利八郎为日本培养了大批从事对华间谍活动的特务。土肥原、坂垣征四郎、多田骏、岩松义雄等人都出自他的门下。

绿荫下一张长条桌旁，坐着几个着便装的日本军人。坂西公馆的主人坂西利八郎和他的两个副官正在探讨对华方策。

这两个副官，一个是后来的战争狂人——曾任日本华北方面军司令官的多田骏，一个就是已初露间谍锋芒的土肥原。

土肥原先作扼要说明："要想把英美在华北的势力挤走，必须打败直系军阀新首领吴佩孚。眼下，奉系军阀——靠日本人扶植起来的张作霖在大战之后尚未恢复元气，无再度挥戈入关的实力；皖系军阀势单力薄，尚构不成对吴佩孚的威胁；广东的孙中山虽在共产党帮助下改组了国民党，并在俄国人的辅佐下筹建黄埔军校，可他的后方还有一最大的隐患陈炯明，一时也难以出兵北伐。在这种情势之下，为了早日击溃称雄中原的吴佩孚，必须首先促成张、段、孙大三角联盟。坂西机关的工作重心，便是促使其内外结合，摧毁直系军阀吴佩孚的军事实力。"

"不过，"土肥原突然话锋一转，道出了他的新想法。

"击败吴佩孚指日可待，但把华北作为我日本帝国拓展大业的基础，其实现之日还为时尚早。且不说有着五千年悠久文明的中国人不答应，英美各西方列国也不会允许我大日本帝国在华北建立霸业。我们的前辈川岛先生、头山满先生均失败于此。我以为，应先把已有一定基础的东三省建为牢固的基地，嗣后才可向华北拓展。"

坂西立即追问下去："目前，土肥原君认为帝国对奉系的谋略重心应该是……"

"继续壮大奉系的实力，直至打败直系吴佩孚为止。"土肥原一板一眼

地说道，眼睛里射出了几束凶光，让人不寒而栗。

"好！好！"坂西晃着满是白头发的脑袋，说道，"我最寄厚望的，莫过于你们两位了。我大日本帝国的兴盛大业，就落在你们肩上了。土肥原君，为了实现你的计划，参谋本部想请你出任张作霖的顾问；多田君，派你去驻华使馆处工作，你们两位有什么意见吗？"

"听从将军的安排！"两人挺直了腰，一齐回答。

从此，土肥原脱离了坂西机关，开始独立从事间谍活动，但是他并没有如愿做上张作霖的军事顾问。

张作霖身边的首席私人顾问町野武马，极力反对张作霖收留土肥原这个关东军的骨干分子，町野本人则处处以日本帝国政府代言人自居。

町野私下多次挑拨张作霖与土肥原的关系，说土肥原是个十分跋扈的人，与他合作，于事无益。

张作霖听信了町野的话，向日本当局提出异议，要求更换军事顾问。最后，另一个分化老手本庄繁代替了土肥原。

土肥原的第一步棋落空了，然而他不死心。

1925年，此时的张作霖踌躇满志，春风得意，仿佛中国马上就是他一个人的了。因为此时直系军阀曹锟、吴佩孚已被他打败，而冯玉祥势力又弱，天下势力最强的也莫过他张作霖了。

奉军所到之处横行不法，为所欲为，激起了广大群众的激愤，也引起了其他军阀的不满。1925年下半年，各派军阀掀起了一场全国规模的反奉运动。正在这个节骨眼上，奉系军阀内部又发生了郭松龄倒戈反奉事件。

郭松龄手握奉军精锐部队，他的反戈一击，使张作霖惊恐万状。

1925年11月30日，张作霖发出对郭松龄的讨伐电，声称郭松龄与左派联合行动，"欲使中国赤化"，并以80万元悬赏郭的头颅。同时，为了延缓郭松龄的行动，他又将杨宇霆免职，并请驻奉日本总领事内田转达郭松龄，说要他和平交出军权。

郭松龄没有中张作霖的缓兵之计，全力进军。不久，取得连山战役的重

豺狼陷阱

大胜利。

12月5日，郭军占领了锦州。奉军继续溃败。

在这种情况下，在东北有着巨大利益的日本的态度就至关重要了。张作霖已摇摇欲坠，他的地位是否保得住，郭松龄的倒戈能否成功，一切全系于日本的态度。

张作霖深知这一点。他暗中派杨宇霆到大连勾结日本关东军。

◆ 东北王张作霖（蜡像）

郭松龄也深知这一点。

12月1日，他致电日本公使芳泽，声明"凡两国条约上的权利，一律尊重"，要求日本"严守中立"。但他同时指出："在本军举事之后，抵奉以前的军事时期，东省政府或张氏个人与外人所订新契约，均不能承认有效。"

土肥原更是深知其中的利害关系。这件事发生在东北，已经引起了人心浮动，如果造成进一步的动乱，将直接威胁日本的权益。

以前日本人扶植张作霖建立起来的奉系军队，很有可能成为互不相让的若干支扰乱社会治安的部队。要知道，日本在满洲，可是住着数十万侨民，经营着以满铁为代表的各种事业，投资数额巨大。

他更担心的是，郭松龄很可能与俄国人有联系。这种担心不能说没有一点理由。当时日本人在满洲最担心的就是苏联的势力，而与郭松龄结盟的冯玉祥与苏联关系密切早已不是什么秘密了。如果苏联此时与郭松龄策应，乘此机会，侵略北满，那后果就不堪设想了。

土肥原曾遭到过张作霖拒绝他做军事顾问的冷遇，说心里话，他对张作霖也不十分感冒。但是日本在东北的巨大利益，容不得他把个人好恶掺杂进去，他要做的是对日本帝国的利益负责。

他决定亲自出马，到张作霖府上走一趟。

张作霖一改往日盛气凌人的口气，叹了一口说："我平日对部属疏于管教，才落得今日这般结局，这也是我自己一手酿成的，怨不得别人。

但目前形势紧急，仅凭我一人的力量实难控制局面。现在省城空虚，虽已电告吉、黑军队前来助援，但恐远水解不了近渴。如果郭军逼近省城，我想去旅顺暂避，届时还望关东军给予方便。"

土肥原说："阁下想去旅顺暂住，我们非常欢迎，届时，定当提供一切方便，保护阁下安全，这一点请您放心。大帅一向对日本亲善友好，这是有目共睹的。现在大帅遭遇到了前所未有的困难，我们日本方面也看在眼里，急在心里。只是因为这是贵国内部事务，我们不便出面干涉。"

张作霖心中一阵狂喜，听土肥原的意思，日本似乎要介入这件事，而且立场好像对他张作霖有利。于是他进一步探听土肥原的意思。

"关于日本方面可能在多大程度上介入此事，我想听听土肥原君的个人意见。"

"根据目前日中所签订的条约规定，中国军队不得在南满铁路附近作战，条约并规定必要时，关东军还可以出兵阻击。这样，郭松龄的军队是无法进入省城的。"

张作霖知道，关东军是不会轻易作出这种承诺的，一定会附带条件。可是，在目前这种情况下，张作霖除了依靠日本人以外，已别无他途。

他咬了咬牙，说道："土肥原君，当前，郭松龄太过猖狂，已遭到全体东北人民的反对，只要能把郭松龄赶出东北，有利于东北人民，也有利于保持住日本国在满洲的利益，我想只有这样一种办法了。"

土肥原知道张作霖上钩了，他慢条斯理地说："如果阁下认为可行，那么，我方将警告郭军不得在满铁线20公里内落下一枚炮弹，必要时，日本关东军还可出兵保护您，并担负维持奉天省城的治安。这份文件请您过目。"

说罢，拿出了一份早已准备好的文件，文件中提出了五项要求：

一是日本臣民在东三省和东部内蒙古均享有商租权；
二是间岛地区即延边地区，行政权的移让；
三是吉敦铁路即吉林到敦化铁路延长，并与图们江以东的朝

鲜铁路接轨和联运；

四是洮昌道即奉省西北部一带所属各县准许日本开设领事馆；

五是以上详细实施办法，另由中日外交机关共同协商决定。

张作霖看了看这份文件，略加思索，就满口答应，随即在土肥原准备的草约上签了字。

张作霖又说："万一我去旅顺时，需要相当数目的日本金票，而现在我不能让官银号在市面上买，希望日本银行暂借一部分。"

土肥原想了想，说："这一点不存在问题，我通过国内迅速与朝鲜银行奉天支行行长联系一下。"

土肥原威逼利诱张作霖答应日方提出的条件之后，剩下的工作就交由关东军方面出面了。

日张密约签订后，日本内阁立即作出决议，令关东军"速施警告，将驻屯军作适当配置"。

1925年12月24日，在日张军队的联合夹击下，郭松龄部溃败。郭松龄与夫人被张作霖部下抓住，并按张作霖的意见当场枪毙。张作霖指使部下将郭的肠肚挖出，去祭他的"阵亡将士"，然后将郭暴尸三天。

土肥原将即将溃败的张作霖扶持起来，张作霖不禁对土肥刮目相看。令郭松龄始料不及的是，他的反叛不仅没能扳倒张作霖，还将张作霖更进一步地推向了日本人——明确地说就是土肥原的怀抱。

挑起事端发动
九一八事变

控制奉系张作霖，这只是土肥原鲸吞中国计划的一小部分，他的野心远不止于此。

1931年5月，在土肥原的精心安排下，日本特务机关先后又策划了中村事件和万宝山事件。

1931年5月中旬，日本参谋本部的军事间谍中村震太郎大尉到中国东北进行军事侦察。同行的还有退伍的骑兵曹长井杉延太郎、一名蒙古人和一名俄罗斯人。他们均化装成中国农民。

中村等人为了不暴露身份，穿着厚厚的棉裤和棉袄。他们从海拉尔出发，赴兴安岭索伦山一带调查军事地理情况。

5月25日，中村等人在对兴安岭地区进行了近一个月的间谍活动后，大摇大摆地经过屯垦军团部所在地兴安区公府，被正在带领士兵操练的屯垦军第三团第一营营长陆鸿勋发现。

陆鸿勋将中村等人带到操场盘问，但言语不通，于是改用蒙古语问话，仍不通。

陆鸿勋怀疑他们是日本人，于是报告屯垦军第三团少校副团长董昆吾。董昆吾来到操场用日语询问。

中村拿出一张印有"日本东京农业学会会员""中村震太郎"等字样的名片，佯称是东京农业学会派来东北调查土质和农业状况的研究人员。

董昆吾从中村等人的马匹、物资断定他们形迹可疑，命士兵搜查。结果从他们的行囊和棉裤中搜出三八式手枪和南部式手枪各一支，多幅军用地

图、调查手记、寒暑表、指北针、测绘仪器、望远镜等物品。

从笔记中得知，中村的确切身份是"日本帝国参谋本部情报科情报员、陆军大尉"。

董昆吾认为事态严重，遂将中村等人交给第三团团长关玉衡重新审问。

审讯中，中村等人气焰嚣张，狂妄声称自己是"大日本帝国陆军大佐"，并企图以不会中国话逃避间谍罪责。

井杉延太郎说："我们都是军人，中村是陆军大佐，我是曹长，现已退役，在札幌采木公司工作。这次到中国，中村指派我作案内（助手）。这些地图都是由中村自己掌握的，我不管。"

转而讯问中村时，中村傲气十足，闭口不言。

初次审问，关玉衡认为中村到东北的任务是提供日本参谋本部急需的入侵蒙古方案的报告，以及满铁拓殖会社需要的情报。

鉴于长期以来在处理与日本在满洲军人关系上的被动局面，为了慎重起见，5月25日晚，关玉衡在团部大军帐内召集各官佐开会，集思广益，征询对这一间谍案件的处理意见。

大家七嘴八舌，有的主张秘密处死，有的主张在路上将他们杀死。

会后对中村进行第三次审讯。中村蛮横如故，

土肥原贤二

177

竟耍起法西斯武士道的威风，同官兵格斗，激起士兵怒火。关玉衡抽出战刀，煞住了中村的威风。

当命令中村在口供记录上签字画押时，中村撕毁口供，并同官兵扭打起来，被中国士兵用枪击中头部，晕倒在地。

在这种情况下，关玉衡采纳了营长陆鸿勋的建议，命令第三连连长宁文龙和第四连连长王秉义，将中村等人押至后山偏僻处秘密枪决，并派团部中尉副官赵衡监督执行。除重要文件外，中村等人的行李、马匹一律焚毁灭迹。

1931年7月，日本方面得到了中村等人被杀的消息。

本来，按照国际法准则，主权国家有权处死敌对国家的军事间谍。中村等人构成军事间谍罪的证据确凿，况且东北地方当局有言在先，不准外国人

❖ 东北军驻地北大营模型

进入屯垦区，中村等人罪有应得。

可是日本帝国主义却无视这些事实，乘机掀起反华浪潮。

8月，日本向南京国民政府提出强烈抗议和无理要求。

8月20日，日本内阁召开会议，陆相南次郎威胁中国，要求中国政府作出保证，保证以后不再发生类似事件，否则的话，日本将不惜使用武力。

四天后，日本陆军省在处理中村事件的决定中狂妄宣称，如果中国否认杀害中村的事实，就将对东北洮南、索伦地区实施保护性占领。

日本政友会为扩大中村事件，组织了以森格为首的"特别演说队"，到日本六个大城市发表演讲。

日本驻沈阳总领事林久治郎同东北军参谋长交涉时，咬牙切齿地说："谁杀的，就由谁偿命。"

土肥原公然要到兴安区寻找中村的尸体，并扬言日方要带关东步兵团到兴安区进行武力搜查。由于中国驻军严阵以待，土肥原心虚，只得作罢。

1931年9月12日，林久治郎照会辽宁省主席臧式毅，要求东北当局正式谢罪，严惩责任者，赔偿中村等人的生命和财产损失，并保证以后不再发生类似事件。

14日，日本驻哈尔滨领事大桥从满洲里出发，绕道伯力，就中村事件向苏联远东当局请求谅解。

17日，大阪《朝日新闻》以"此后能直接交涉，受军部最高指示归奉之土肥原大佐谈话"为标题，发表了土肥原16日就中村事件发表的谈话。

土肥原说：

中村事件不能简单地加以解决，我们早已定下种种方案，但是此刻还不能公开。

唯有一点，我们须十分明白，那就是中村事件不能简单地说成是陆军单方面的事情，而应该是全日本的重大事件，决不能采取姑息手段，一定要彻底、干净地解决才行。

　　日本帝国主义极力渲染中村事件，大肆进行反华叫嚣，表明日本已经在东北大地上布满了干柴，只等时机一成熟，日本军国主义者就会毫不犹豫地点上一把火，把战争的烈焰烧遍整个东北。

　　1931年7月2日，日方驻长春领事馆武装警察三十多人，擅自闯进长春东北65千米的万宝山村，强占民房，向中国百姓开枪射击，并逮捕中国人。

　　万宝山事件的直接起因，是日本驻长春领事田代重德唆使朝鲜人擅自在无权居住的长春境内毁坏中国农民良田、修建水渠、开垦水田。这种蔑视中国领土主权、直接侵犯中国农民利益的强盗行径，激起了中国人民的强烈反对。

　　朝鲜人在日本人的默许下，在万宝山附近挖沟占地，截流引水，对万宝山附近农民危害极大。万宝山村一年损失良田40多垧，损失高达数千元。

　　万宝山农民决定请求当地政府解决。于是全村每户派出一名代表，组成200多人的请愿团，来到长春，向长春市政筹备处请愿，并请市政筹备处向省政府转达他们的申诉。

　　吉林省接到报告，十分气愤，当即批复：

　　朝侨未经我地方当局批准，擅自进入该地农村，有背公约，令该县公署派员会同公安警察前往劝阻，并令朝侨出境。

　　第二天，长春公安局长鲁绮带警察前往万宝山执行省政府命令。

　　当天，朝鲜人有一百多人撤出，其余八十多人也写下保证，表示停止开挖沟渠，两天内全体人员回到长春。

　　就在朝鲜人即将全部撤走之时，日本驻长春领事田代派日本警察来到万宝山地区，声称要保护朝鲜人。

　　这真是可笑得很，万宝山一带，既非"满铁居住地"，也非日本租借地，日本领事公然派警察来保护朝鲜人，这纯属干涉中国内政，侵犯中国主权的行为。

　　田代所派出的日本便衣警察携带手枪，督促朝鲜人不但无需离开，还要继续挖沟，并授意朝鲜人打出日本人的旗号，对中国地方当局说："我们是受日本人命令来此种稻的，至死不能停工出境。"

　　三天后，日本警察又携带机枪掩护，将先前撤走的一百多名朝鲜人带回万宝山，继续挖沟筑坝。

　　与此同时，日本侵略者又颠倒黑白，捏造一百多名朝鲜人被杀害的消息。他们买通朝鲜日报记者金利三向朝鲜各地连发急电，扩大欺骗宣传。

　　于是，从1931年7月2日起，朝鲜各地掀起了反华排华狂潮。仁川、汉城、元山、镇南浦等地，都发生了排华惨案，在朝华侨遭到疯狂袭击。

　　被日本人利用的朝鲜记者金利三此时才发现自己已经酿成大错，连忙于7月14日在《吉长日报》上发表声明，表示自己受了日本人的唆使，承认自己

侵华日军使用的大炮

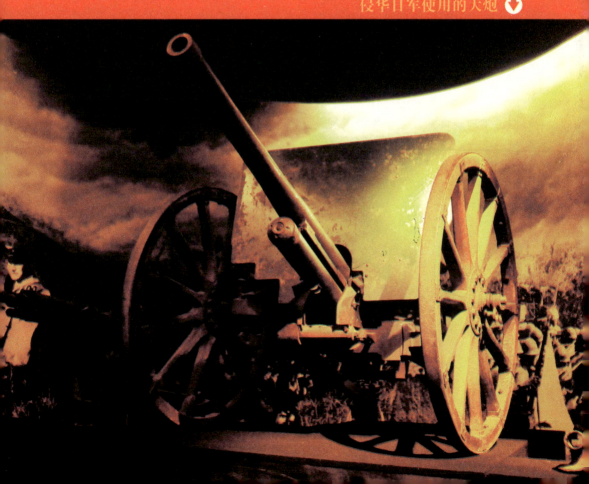

的报道严重失实，并揭露出万宝山事件的真相。

日本人当然不会让金利三再活下去，阻碍自己的阴谋计划。金利三不久便死于日本特务之手。

南京政府对于万宝山事件的严重性，并没有引起足够重视。事情发生一个星期后，才决定由外交部驻吉林特派员钟毓与日本驻吉林总领事就万宝山事件进行交涉。

日本方面根本无意于谈判，他们只是想借这一事件在国内掀起一轮又一轮的反华浪潮，为进一步侵略中国制造舆论氛围。

1931年8月下旬，日本国内借"中村事件"大肆煽动战争狂潮，报纸广播铺天盖地地叫嚣"满洲问题除使用武力外，别无解决之途"。东京的青年军官们则聚集在靖国神社前祭灵。整个日本国内战争气氛甚嚣尘上。

在中国东北，日本则加紧进行战争部署，尽快完成发动侵略战争的准备。

9月15日，就在中方谈判代表向日本驻华公使发出第二次照会三天后，日本侵略军便炮轰沈阳北大营，发动了九一八事变。

日本人对中国的大好河山垂涎已久，却苦于无"进入"的借口，土肥原抓住中村事件和万宝山事件，发动了震惊中外的侵华事件，可怜南京政府还在梦中。

扶植傀儡政权
建立伪满洲国

九一八事变后，日本关东军参谋长三宅光治授意"关东军三羽"商讨下一步行动。

板垣征四郎毫不掩饰自己的主张："全面占领满洲，作为我国的领土。帝国的部队一旦有此丰饶、坚实的后盾，占领中国，统治南洋将指日可待。"

"我反对！"石原莞尔急急接上坂垣的话音，"未来的满洲在形式上应当独立，但当权者必须听命于我们。也就是说，满洲真正的主宰应当是我们日本帝国。如果在政体的形式上纠缠而激怒中国人，满洲将永无宁日。"

土肥原静静坐在一边，手中玩着一只景德镇瓷茶杯，仿佛自己与正在讨论的主题无关。其实他心中已有成案。

石原发言完毕后，土肥原不紧不慢地说："这次奉天市政府由日本人直接掌管，是一次很不成功的实践。我这个短命的市长没做几天就下台了，我个人的荣辱不足挂齿，但是如果关乎帝国的前途，我们就不得不慎重考虑了。

"我个人以为，主张由日本直接统治中国，这是不负责任的主张。我主张在满洲建立以日本为中心的汉满蒙日鲜五族共和国。这个国家不应该是完全独立的国家，对外号称独立，但国防、外交要由帝国把握，整个国家的方向也要由我们操纵。"

土肥原与石原意见接近，占了上风，板垣征四郎只好表示妥协。

"那么，由谁来领导这个国家呢？"石原莞尔自言自语道。

"宣统废帝！"

"宣统废帝？"板垣征四郎叫道，"这位清朝皇帝现在远在天津，并不在关东军的管辖之内；再说，就算把他弄来了，曾经统治过庞大的中国的皇帝怎么肯屈就做东三省的皇帝呢？"

"这就看我们如何做工作了。宣统久居天津，复辟之心不死。只要我们仍旧扯起清朝大旗，料他不会不动心，何况满洲还是他的祖宗发祥地呢！"

"说时容易做时难啊！"石原轻轻叹口气。

"这件事包在我身上。"土肥原拍起了胸脯。

三人会议最后确定如下方针：

在我国的支持下，以东北四省，即含热河及蒙古为领域，以宣统皇帝为首建立中国政权，并使其成为满蒙各民族之乐土。

1911年辛亥革命后被迫下诏退位的宣统帝，1924年被冯玉祥的国民军撵出紫禁城，逃进了日本驻华使馆，日本乘机承担起"保护"溥仪之责。

1925年，在日本人的操纵下，溥仪逃至天津日租界内的静园居住。

静园原是陆宗舆的住所"乾园"，溥仪将它更名为"静园"，并非是求清静，而是要在这里"静观变化，静待时机"，继续从事复辟活动。

在他身边，聚集着一批前清遗老遗少，这些人思想冥顽不化，一心想着复辟大清王朝。

土肥原发现，溥仪"重登大宝殿"的迷梦同日本帝国主义在东北建立"新国家"的构想正好吻合。

一旦被土肥原相中，溥仪在天津的居所"静园"就再也不能安静了。

九一八事变后，孤寂闲居多年的溥仪突然身价倍增，成为各种力量争夺的对象。

关东军给土肥原的训令指出：

无论如何，希望利用良机，将溥仪极为秘密地转移到最安全地带。

土肥原正是在这种情况下来到了天津。

一心做着复辟梦的溥仪，每日茶饭不思，如坐针毡。就在这时，土肥原找上门来了。

土肥原给溥仪带来了希望，他的"和蔼可亲"，解除了溥仪的紧张；他的"言语中肯"，消去了溥仪的疑虑。

溥仪在《我的前半生》中这样写道：

溥仪（右）与日本人交涉赴东北做傀儡皇帝条件（蜡像）

那时关于土肥原有种种充满了神秘色彩的传说，西方报纸称他为'东方的劳伦斯'，中国报纸上说他惯穿中国服装，擅长中国方言。

根据我的了解，他在中国的活动如果都像鼓动我出关那样的做法，他并不需要传说中的劳伦斯的诡诈和心机，只要有一副赌案上的面孔，能把谎话当真话说就行了。

那次，他和我会见也没有穿中国服装，只不过一套日本式的西服；他的中国话似乎并不十分高明，为了不致把话说错和听错，他还用了吉田忠太郎充当我们的翻译。

他那年48岁，眼睛附近的肌肉现出了松弛的迹象，鼻子底下有一撮胡子，脸上自始至终带着温和恭顺的笑意。这种笑意给人的唯一感觉，就是这个人说出来的话，大概不会有一句是靠不住的。

他向我问候了个人健康，就转入正题，先解释日军的行动，说是关东军对满洲绝无领土野心，只是诚心诚意地要帮助满洲人民，建立自己的新国家，希望我不要错过这个时机，很快回到我的祖先发祥地，亲自领导这个国家；日本将和这个国家订立攻守同盟，它的主权领土将受到日本的全力保护。作为这个国家的元首，我一切可以自主。

他的诚恳的语调，恭顺的笑容和他的名气、身份完全不容我用对待罗振玉和上角利一的态度来对待他。陈宝琛所担心的——怕罗和上角不能代表关东军，怕关东军不能代表日本政府——那两个问题，我认为不存在了。

土肥原本人就是关东军中举足轻重的人物，况且他又斩钉截铁地说："天皇陛下是相信关东军的。"

186

土肥原为了表明日本人在东北的行动不是为了吞并东三省，对溥仪说："现在日军的行动，只是对付张学良一个人的。张学良把满洲闹得民不聊生，日本人的权益和生命财产得不到任何保证，这样日本才不得已而出兵。"

土肥原望着渐渐咬钩的猎物，心中暗喜。然而这位皇帝的内心还有一个极为重要的问题亟待弄清。

他问土肥原："这个新国家是个什么样的国家？"

土肥原心中一怔，随即捕捉到了溥仪的言下之意。但他想吊吊对手的胃口："我已经说过，是独立自主的，是由宣统皇帝完全做主的。"

"我问的不是这个，我要知道的是这个国家是共和，还是帝制？是不是帝国？"

"这些问题，到了奉天都可以解决。"

"不，"溥仪急了，"如果是复辟，我就去，不然的话我就不去。"

土肥原放心了，猎物已在手中。他微笑了："当然是帝国，这是没有问题的。"

"如果是帝国，我可以去。"

土肥原告辞后，与他同来的金梁接着向溥仪报告，东北以袁金铠为首的士绅们，表示可以号召东北军旧部归服。

溥仪听了土肥原的甜言蜜语，心里美滋滋的，认为大事已定，巴不得插翅飞往东北。

土肥原到天津会见溥仪的消息，第二天就在各大报纸上刊登出来了。这时，溥仪手下的一个重臣刘骧业又从日本东京发来一封电报，说日本军部方面认为溥仪出山的时机"仍然未至"。

看了这个电报，溥仪决定召开一次御前会议，再和谋臣们商议一下，讨论何时出山。

溥仪到了旅顺以后，土肥原就不出面了。因为日本内部还存在着某些分歧，土肥原当初向溥仪痛痛快快允下的诺言一时还得不到实现。

　　这时出面与溥仪交涉的，就变成了土肥原的好友板垣征四郎。土肥原之所以不愿正面再与溥仪交涉，是因为日本人此时仍打算劝说溥仪做人们更易接受的"总统"，而不是在中国早已失去社会基础的"皇帝"。

　　可想而知，溥仪坚决拒绝当什么"总统"，因为土肥原在劝说溥仪离开天津时，说得一清二楚，是帝制，而不是共和制。

　　经过一番讨价还价，溥仪被迫同意暂任"执政"一年，一年期满，议定国体，再定去就。

　　3月9日，举行"执政就职典礼"。参加典礼的旧奉系人物有张景惠、臧式毅、熙洽、张海鹏、张燕卿、谢介石、丁鉴修、于冲汉、袁金铠、冯涵清、赵欣伯、韩云阶等；溥仪的旧臣有郑孝胥、罗振玉、宝熙、胡嗣瑗、陈曾寿、佟济煦、前盛京副都统三多、前绍兴知府赵景祺、蒙古王公贵福、凌升、齐默特色木丕勒等。

　　日本方面的代表是满铁总裁内田康哉、关东军司令本庄繁、关东军参谋长三宅光治、参谋板垣征四郎等。

❤ 伪满皇宫旧址

全体人员向溥仪三鞠躬后，由臧式毅、张景惠献上"执政之印"，郑孝胥代念"执政宣言"：

> 人类必重道德，然有种族之见，则抑人扬己，而道德薄矣；
> 人类必重仁爱，然有国际之争，则损人利己，而仁爱薄矣。今立
> 吾国，以道德仁爱为主，除去种族之见，国际之争。王道乐土，
> 当可见诸实事。凡我国人，愿共勉之。

这个"执政宣言"的主旨很明确，就是要去掉"种族之见""国际之争"，将东北变成日本人的"王道乐土"。

老谋深算的土肥原一手操作成立了伪满政权，但他认为"满洲国还不具备作为国家而被承认的客观条件"，"权力还未达到独立宣言中所指出的全部地区"，所以他建议日本政府不要急于承认伪满政权，因为这个政权只是他的掌中玩物，承认与否并不重要，重要的是日本人可以操纵它、摆平它。

策反汪精卫
设立汉奸政府

土肥原料理完伪满洲国的事后，又把魔爪伸向了内地城市。

在上海虹口公园东体育会路7号，有一幢两层的小洋楼，四处洋溢着浓厚的日本气息。这套花园别墅原是日本人的私人别墅。上海八一三事变后，这里住进了日本兵。后来，土肥原看中了这个小院子，在这里设立了特务机关，并把那座主体建筑小洋楼命名为"重光堂"，以此作为土肥原特务机关的代号。

为了进一步推进在给大本营陆军部的报告中所提出的所有谋略工作，土肥原彻底改造了日本在中国的特务系统。他保留了原来军部和外务省在中国设立的各个分支机构，但是在这些机构之上，又设立了四大特务机关，各司其职，避免互相掣肘。

这四大特务机关是：专门负责对汪精卫一派策反工作的"梅机关"；以两广为对象的"兰机关"；以华北为对象的"松机关"；以重庆为对象的"竹机关"。

而对汪精卫的策反工作，则是土肥原对华谋略工作中的重中之重。对于这一关系重大的特务工作，土肥原选中了参谋本部第八课即中国课课长影佐祯昭大佐来负责。

汪精卫，1883年生于广东省，20岁时留学于日本东京法政大学专科，参加了孙中山领导的同盟会，他的才华和大胆实干受到孙中山先生的赏识。

辛亥革命后，汪精卫出任国民政府主席。因与蒋介石的矛盾，他几次下野外游。九一八事变后，国民政府一度出现蒋汪合作的局面，汪精卫任行政

院长兼外交部长，成为亲日派当之无愧的头面人物。

全面抗战爆发后，汪精卫竭力反对抗战。他一直试图影响蒋介石，在南京未陷落前，为中日和谈之事给蒋介石写信十多封，当面也谈过多次。

由于有汪精卫的"抗战必亡论"作后台，一些亲日投降派开始聚集在他的周围，制造和谈的舆论。高宗武、梅思平等人在南京西流湾八号周佛海家的地下室中，利用防空袭的机会聚会，议论"和战问题"，大肆散布"战必大败，和未大乱"等失败主义论调。

这时出现了一个绝好的机会，那就是利用中日和谈的幌子另立新的中央政权。汪精卫暗想，只要他抢在蒋介石前面向日本方面抛出"橄榄枝"，日本方面就一定不会亏待他，新的中央政权的首脑人物就非他莫属。

何况近卫首相的第二次对华声明中还明确表示：今后不再以国民政府为对手，而是要协助中国建立"真诚与帝国合作"的新兴政权。这就更令汪精卫兴奋了。

所有这一切，都没有逃脱作为日本"对华特别委员会"负责人的土肥原的眼睛。他所从事的工作要找的不正是汪精卫这样的有头有脸的人物吗？

土肥原指示华中地区的所有特务系统，密切注视汪派的动作，一有异常，立即通报本部，以便及时采取措施，不放过每一个可能的机会。

收到这份指示的，不仅有参谋本部和外务省在华的两大特务系统，还有其他日本机构在华的长驻机构，比如同盟通讯社上海、南京支局，"满铁"驻上海、南京特派员等。

汪派也在加紧活动。身为国民政府副秘书长兼国民党代理宣传部长的周佛海，为了打通与日本方面的联络，以"必须搜集日本情报"为由，在汉口设立了一个机构，让高宗武任主任。

在土肥原的幕后策划下，一切都在秘密状态下紧锣密鼓地进行着。

这时候，高宗武也得到了蒋介石的默许，准许他以秘密身份前往日本试探中日和谈的可能性。

土肥原认真分析了中国方面的要求和西义显等人转来的其他情报。他一

眼就看出了中国方面最高领导层所坚持的，是在蒋介石的领导之下实现对日和平，但是由于日本方面已经抛出了近卫对华声明，在国际国内都造成了强烈的反响，因而希望日本能够改变近卫声明，重新发表声明。

高宗武在日本逗留期间，与陆军大臣板垣征四郎、参谋次长多田骏等人进行了会谈。所有的会谈都由今井武夫陪同。

今井武夫把高在日本期间的所有谈话整理出来，报告给土肥原。土肥原从中看出来一个明显的变化，这就是，高宗武似乎不再热心于以蒋介石为中心解决日中两国间事变的方案。

土肥原决定亲自见一下高宗武。

这次会谈是在极其秘密的状态下进行的。高宗武和土肥原都很兴奋，这两个人在当时的背景之下都是大有来头的人物：土肥原是负责对华和平工作的首脑人物，高宗武不会不知道；高宗武既是汪派热门人物，其访日又得到蒋的默许，这一双重身份土肥原更是再清楚不过了。

就在这时，日本在华间谍向日本政府和军部报告说，国民党内部已经出现严重分歧。这就更坚定了土肥原以汪精卫为对华工作重点的决心。

高宗武回国之前，土肥原托今井武夫转告他，日本的意图是恳求蒋介石下野，没有改变主意的打算，目前也没有这种可能性。这样，高宗武离开东京后，没有到汉口或重庆，而是来到香港。他怕到汉口或重庆后受到蒋介石的责难。

但是他对蒋介石不能没有一个说法，正好此时他胸部旧病复发，便借口想在香港专心治病而向蒋介石告假。同时，他给周佛海写了一份长篇报告，表明日本政府此时准备把和平运动的矛头指向汪精卫。

汪精卫既高兴，又有些犹豫，他最怕的不是国内影响，而是怕日本人说话不算数，最后鸡飞蛋打，落个身败名裂。

汪精卫召集梅思平、陈璧君等人共同商量对策。

陈璧君越俎代庖，替汪作了决定。她说："只要日本在御前会议上承认汪先生出来领导和平运动，汪先生是愿意出来的。"

这时候，高宗武病情加重，吐血不止，以致卧床不起。

汪精卫和周佛海只好决定由梅思平代替高宗武至香港，出面与日本人联系，获取日本政府的正式承诺，并开展进一步的谈判。

为了迷惑蒋介石，汪精卫让周佛海将高宗武的报告如实呈报给蒋介石。

蒋介石接到报告后，对于日本方面仍旧不肯将他作为谈判对手，大为不满。他将秘书长陈布雷找来，怒气冲冲地责问："高宗武真是个混账东西，是谁让他到日本去的？"

汪精卫和周佛海在这时候把梅思平选为高宗武的后继人选，自有其打算。梅思平，出生于北京，毕业于北京大学，当过大学教授，后任南京附近被国民政府评为模范县的江宁县县长。

梅思平没有留学海外的经历，也完全没有与日本人和其他外国人交往的历史，因此，由他代替高宗武，虽然多次往返于重庆、汉口、香港和上海之间，却也没有人注意到他是在与日本方面进行联络。

汪精卫与日本人的暗中勾结，一时间把蒋介石蒙蔽住了。

梅思平在汪精卫、周佛海的授意下来到香港，与高宗武一道，继续与日本特务西义显、伊藤芳男会谈。

会谈中，梅思平正式提出了汪派关于"和平运动"

汪精卫像

的试行方案。由于梅思平的坚持，会谈的关键成了日方必须承认由汪精卫出面主和这一前提。

初步谈判后，经双方幕后人物同意，决定将谈判地点改在上海。

土肥原派今井武夫到上海，具体负责谈判工作。

梅思平将香港会谈的情况，专程回重庆向周佛海、汪精卫作了汇报。汪精卫等商定了中方的和平基本条件并最后定稿，由梅思平带往上海，与日本正式代表进行会商。

为了保密起见，梅思平、高宗武等人都分别单独乘船来到上海。

1935年11月12日，梅思平先于高宗武一天到达上海。

当晚，今井武夫就请他到一家日本酒馆进餐。梅思平穿着鞋子在日式榻榻米上走来走去，还坐到壁龛里去，弄得今井等人不知所措。

梅思平说，这是他初次与日本人交谈，也是第一次吃日本菜肴。他一面夹着生鱼片，一面苦笑着说道："从此我也将被人们称作汉奸了吧？"

第二天，梅思平、高宗武与今井武夫等日方代表进行了会谈。

会谈的焦点，是汪精卫既要卖国，又要名分。但是既然卖国的大政方针已定，那么技术问题迟早是要解决的。

对于这一点，土肥原有着充分的信心，他指示日本谈判代表，一拖二压，汪派迟早会顶不住的。果然，双方在一些技术问题上纠缠一段时间后，终于达成妥协。

11月20日，从早晨起，影佐和今井就与中国方面的代表高宗武、梅思平进行了协商。影佐只是在会谈开始与结束时参加了一下，一切都由今井负责。到这时候，双方实际已经没有什么可以讨论的项目，只是在措辞上做了一些修改，极其简单地就结束了会谈。

晚上19时，双方在日华协议记录和谅解事项上签字盖章。根据这一协议：

日本和中国共同防共，缔结日华防共协定；中国承认满洲国；日本人在中国领土上有居住权和营业自由；日华经济合作；

中国赔偿日侨损失；日本发表解决时局的条件时，汪精卫立即声明与蒋介石断绝关系，同时侯机成立新政府。

11月21日，从上海返回东京的影佐祯昭和今井武夫将"重光堂会谈"的结果向陆军大臣、参谋次长、土肥原中将和有关的部、课长作了汇报。

第二天，板垣征四郎陆相带着影佐和今井两人前往首相官邸，将会谈结果向"五相会议"各有关官员作了报告并征求同意。经过商定，由近卫首相以近卫第三次声明的形式予以发表。

今井得到土肥原和日本内阁的答复后，于11月26日返回上海，与伊藤芳男一起待在旅馆里，专等中国方面的答复。

在香港，今井通过西义显和参谋本部的大田梅一郎负责与中国方面联络。

梅思平于11月25日乘飞机从香港返回重庆，与汪精卫、周佛海等人进行了协商，然后重新带着同意的复信，于12月1日回到香港。

这样，在以土肥原为首的日本间谍的策划下，汪精卫集团的叛国投敌活动正式付诸行动。

土肥原在为日本对华侵略中所做的工作可谓殚精竭虑，虽然他的计划一步步得逞，但其反人类、反和平的行径最终必受到惩罚。

恶贯满盈
命丧巢鸭绞刑架

1945年8月15日，日本宣布无条件投降，第二次世界大战结束。

9月11日，盟军司令麦克阿瑟下达了逮捕战争罪犯的命令。19日，盟军司令部又命令日本政府，将以荒木贞夫为首的11名战犯嫌疑人逮捕并关进巢鸭监狱，其中有曾任天皇侍卫和关东军司令的本庄繁大将。本庄繁得知消息后立即自杀身亡。

所有重要的战犯都收容在东京巢鸭监狱，这里还关押着大量的被俘官兵。在巢鸭监狱，重要战犯每人独居一室，房间长8.5米，宽5米，高10米，配备有桌子、卫生间，地上铺着稻草垫。其他战犯二至六人同居一室。

土肥原住进巢鸭监狱之后，就享受了重要战犯的待遇。对于战犯来说，这并不是什么好事。这往往意味着他犯下了比别的战犯更严重的罪行，要为之付出更大的代价。

室内卫生由战犯自己打扫，看上去倒也干净整洁。牢房的灯昼夜不熄，美国宪兵在走廊里不断走动，见有人躺下，就走过来用棍棒敲门或用脚踢，还打开外面的铁丝门，以防不测。

按照《波茨坦公告》的原则，苏、美、英三国外长于1945年12月在莫斯科通过了《莫斯科会议协议》，规定盟国驻日最高统帅部应采取一切必要措施，确保协议中有关日本投降及占领和管制日本的各项内容得以顺利实现。

经过中国、苏联、美国、英国、法国、澳大利亚、加拿大、新西兰、荷兰等九国的反复磋商，达成协议，决定将日本首要战犯交由上述九国代表组成的国际军事法庭进行审判。此后，印度和菲律宾代表也加入，远东国际军

事法庭遂由这11个国家的代表组成。

根据莫斯科外长会议协议，盟国驻日最高统帅麦克阿瑟于1946年1月19日发布特别通告，宣布在东京设置远东国际军事法庭，并于同日批准了《远东国际军事法庭宪章》。

宪章规定，法庭有权审理三种犯罪：（甲）破坏和平罪；（乙）违反战争法规及惯例罪；（丙）违反人道罪。国际军事法庭以审理甲级战犯为主，乙、丙级战犯交由受害国自行组建法庭审理。

在远东国际军事法庭长达两年半的整个审理过程中，土肥原的声音只响起过一次，他为自己辩护了几句。从此以后，他便缄口不语。

令土肥原不安的是，中国公诉人开始提出一项对他的新的指控。这就是：

土肥原在日本侵略者中率先提出，使用麻醉品作为侵略武器征服被占领国人民，而不是流血的征服。

这是土肥原的主张，但他没有想到公诉人会这么快就掌握证据，并且把他作为始作俑者。

在土肥原看来，这种独特的侵略"武器"的大量使用，使得日本在被占领国展开了另一场战争。这场不流血的战争发生在鸦片和海洛因烟馆，没有呻吟，没有痛苦，也没有血腥，一切都在不知不觉中进行。

审判进入了第二个阶段，土肥原才真正紧张起来。为什么他当帝国间谍时所从事的阴谋、挑衅甚至是谋杀等幕后活动都没有使他如此紧张，而他作为一个战场指挥官的活动却让他如此不安呢？

答案很简单，土肥原活动的第一阶段仅仅是为日本军国主义犯国际性滔天罪行作准备，而第二阶段则是日本军国主义分子把德国发动的欧洲战争变成世界大战的时期，这时土肥原是实际执行阴谋分子的计划。

而且在破坏和平的阴谋实施阶段，土肥原已不是次要角色，而是帝国军

197

事参议院的成员，更是集团军和方面军的司令官。

土肥原因为参加准备、发动和进行侵略战争，因为破坏战争的法规和惯例，被国际军事法庭判处绞刑。

在远东国际军事法庭宣判的25名战犯中，土肥原和板垣是被判定犯罪条款最多的两人，他们都犯有"破坏和平罪"。判决书中说：

日本战犯（蜡像）

满洲事变前，土肥原在中国滞留达18年之久，在日本陆军部内被视为中国问题专家。土肥原对于日本在满洲进行的对华侵略战争，由开始到后来日本控制下的满洲国的建立，一直有着密切的关系。

在中国其他地区，土肥原也以政治谋略、武力威胁、军事干涉等手段，在推动日本侵略步伐上起到了举足轻重的作用。

为了把东亚及东南亚置于日本控制之下，在军部的其他领导者为此制订方案，进行准备及具体实施之时，土肥原与这些人关系密切，积极为他们献计献策，与他们共同行动。

当不再需要他对中国的特殊知识以及他在华行使阴谋的能力时，土肥原被任命为野战指挥官，直接到中国现地从事直接的侵略战争，为实现他自己参加制订的侵略计划而直接工作。该人不但参与了对中国的战争，而且参与了对苏维埃社会主义联盟以及1941年至1945年间日本对法兰西共和国以外的所有国家的侵略战争。

在1938年和1939年对苏联进行的战争中，土肥原当时是配属参谋本部的中将，该参谋本部为指挥哈桑湖战役的最高权力机关。在诺门坎战斗中，土肥原指挥的陆军部队参加了战斗。

土肥原自1944年4月至1945年4月间，曾任第七方面军指挥官，他的指挥权限包括马来西亚、苏门答腊、爪哇、婆罗洲等地。对于被告在其指挥区内保护战俘，使之免于遭受杀害、拷打等事项，被告方面提供的举证，多有矛盾之处。被告至少在对战俘食物及医疗药品的供应方面不能推卸责任。在这方面，有确凿的证据表明，战俘曾深受虐待。由于不给予充分食物，以致战俘们食不果腹，营养不良，而导致疾病丛生，战俘死亡率达到惊人的程度。

这种状况只是发生在战俘方面，而作为战犯的日军却根本没有这种情况发生。因此，辩护方面提出的"该地区日军战局恶化，交通断绝，故而对战俘不能维持更好的供应"的说法不能成立。相反有证据表明，此项原本就有的供应是因土肥原决定的方针而被中断的。

基于上述确凿的事实，根据法庭宪章规定，土肥原所犯罪行应按甲等罪犯，即破坏和平罪审理。

1948年12月23日零时整，在东京的巢鸭监狱里开始执行绞刑。30分钟后，行刑结束。七名被判处绞刑的日本战犯东条、广田、土肥原、木村、松井、武藤、板垣，在同盟国对日委员会成员面前被绞死。

土肥原的一生可谓给日本帝国主义立下了"赫赫战功"，但多行不义必自毙，虽然在他看来，自己也许拥有"辉煌"的一生，但不知他的头伸出绞刑架的一刹那，心中又作何感想？

图书在版编目（CIP）数据

豺狼陷阱：第二次世界大战主要悍将 / 胡元斌主编
. ——北京：台海出版社，2013.8（2021.5重印）
（第二次世界大战纵横录）
ISBN 978-7-5168-0253-3

Ⅰ.①豺… Ⅱ.①胡… Ⅲ.①第二次世界大战—军事
人物—生平事迹 Ⅳ.①K815.2

中国版本图书馆CIP数据核字(2013)第188590号

豺狼陷阱：第二次世界大战主要悍将　　　第二次世界大战纵横录

主　编：胡元斌　严　锴

责任编辑：王　艳　　　　　　　　装帧设计：大华文苑
版式设计：大华文苑　　　　　　　责任印制：严欣欣　吴海兵

出版发行：台海出版社
地　　址：北京市东城区景山东街20号　　　邮政编码：100009
电　　话：010－64041652（发行，邮购）
传　　真：010－84045799（总编室）
网　　址：www.taimeng.org.cn/thcbs/default.htm
E-mail：thcbs@126.com

经　　销：全国各地新华书店
印　　刷：北京九天鸿程印刷有限责任公司
本书如有破损、缺页、装订错误，请与本社联系调换

开　本：710×1000　　　1/16
字　数：210千字　　　　　　　　印　张：13
版　次：2014年1月第1版　　　　印　次：2021年5月第4次印刷
书　号：ISBN 978-7-5168-0253-3

定　价：48.00元